羅什『老子注』の研究

栂野　茂

まえがき

羅什は西域の龜茲よりシナに赴き、後秦王姚興の外護を得て、都長安で梵語佛典の漢譯に從事した僧である。

羅什が『老子注』を作成したのは、長安で梵語（サンスクリット）佛典の漢譯をすべて終了した後か、あるいは主要な梵語佛典の漢譯を終了した後と考えられる。羅什が寸暇を惜しんで梵語佛典の漢譯に從事している時に、『老子注』を作成するとは考え難い。

羅什の『老子注』は第一級の文化財であるが、その全容は解明されていない。大學を卒業した私は、卒業以後の研究生活を考え、その全容の解明に從事したいと考えた。

その契機を作ったのは、明焦竑『老子翼』に引用されている羅什の『老子注』である。『老子翼』第12・25・33・37・48・68章に、羅什の『老子注』を、次のように引用する。

鳩摩羅什曰、不知卽色之空與聲相空、與聾盲何異、[1]（第12章）＜鳩摩羅什曰わく、卽色の空と聲相の空とを知らざれば、聾盲と何ぞ異ならん、＞

羅什曰、妙理常存、故曰有物、萬道不能分、故曰混成、[2]（第25章）＜羅什曰わく、妙理常に存す、故に物有りと曰《い》う、萬道分かつ能《あた》わず、故に混成すと曰《い》う、＞

羅什曰、在生而不生曰久、在死而不死曰壽、[3]（第33章）＜羅什曰わく、生に在りて生《い》きざるを久と曰《い》う、死に在りて死せざるを壽と曰《い》う、＞

羅什曰、心得一空、資用不失、萬神從化、伏邪歸正、[4]（第37章）＜羅什曰わく、心一空を得て、資用失わざれば、萬神從い化し、邪を伏し正に歸す、＞

羅什註、損之者無麤而不遣、遣之至乎忘惡、然後無細而不去、去之至乎忘善、惡者非也、善者是也、既損其非、又損其是、故曰損之又損、是非倶忘、情欲既斷、德與道合、至於無爲、已雖無爲、任萬物之自爲、故無不爲也、[5]（第48章）＜羅什註、之《こ》れを損ずるとは麤《そ》にして遣《さ》らざる無く、之れを遣《さ》りて惡を忘るるに至る、然る後細にして去らざる無く、之れを去りて善を忘るるに至る、惡は非《ひ》なり、善は是《ぜ》なり、既に其の非を損じ、又其の是を損ず、故に損の又損と曰《い》う、是非《ぜひ》倶に忘れ、情欲既に斷ち、德と道と合し、爲《な》す無きに至る、已《すで》に爲《な》す無しと雖《いえど》も、萬物の自《みずか》ら爲《な》すに任《まか》す、故に爲さざる無きなり、＞

羅什曰、心形既空、孰能與無物者爭、[6]（第68章）＜羅什曰わく、心と形と既に空なれば、孰《たれ》か能《よ》く物無き者と爭わん、＞

私は、羅什『老子注』の全容が解明されれば、インド思想とシナ思想の本質が明かになり、また、インド思想とシナ思想の交流の實狀が明らかになると考えた。

本書には、新しい試みとして補論を作成した。補論は考證を主とした小論文である。

なお本書では基礎の用語に説明を加えた。それは、本書をその用語になじみのうすい、一般の人にも讀んでもらいたいためである。

羅什『老子注』の研究　目次

付録（著者の関連論文等）

例 言

1. 諸書の引用

本書では、『老子』・『老子注』・『老子疏』を引用する時には、『正統道藏』所收の書を用い、漢譯佛典を引用する時には、『大正新脩大藏經』所收の書を用い、『史記』を初めとして、正史と呼ばれる24種の史書を引用する時には、中華書局の點校本を用いる。『易經』・『論語』・『孟子』を引用する時には、中國古典選（朝日新聞社發行）所收の書を用い、『書經』・『詩經』を引用する時には、『新釋漢文大系（明治書院發行）』所收の書を用いる。

2. 漢字の字體

現在、各國それぞれに、漢字の字體が簡易化され、他國の字體を理解することが困難になり、漢字の普遍性が稀薄になっている。今その訣點を補足するために、本書では舊字体を使用する。ただし、パソコン入力のため舊字体が使えないものもある。

3. 年齡の數え方

東洋には、古來生まれた時を一歳とし、新年を迎えると二歳とする年齡の數え方がある。本書では、年齡を數えるのに、この方法を採用する。

4. 西域の範圍

西域の範圍については、さまざまな用例がある。東方、武威・張掖・酒泉などを含む河西廻廊一帶を、西域と呼ぶ用例があり、西方、ヨーロッパを西域と呼ぶ用例もある。また、インドを西域と呼ぶ用例がある。

本書では、玉門關を出てから葱嶺に至るまでの各地を西域と呼ぶ。

5. 地圖

地圖は、箭内亙編『東洋讀史地圖』及び松田壽男・森鹿三編『アジア歴史地圖』を參考にする。

6. 符號

『　』	書名	
（　）	各種の説明	
〔　〕	語の補充	
・・・	語の省略	
＜　＞	漢文の書き下し	
・	語の区切り	例　唐・玄宗皇帝
、	語の区切り	例　Aが歸國し、Bが見送る
。	語の區切り	例　春が來た。
ー	長音符	

(編者注)

文中の引用文には、1)、2)、3)・・・の番号をつけ、「引用文の出典一覧」(53ページ)に該当ページ等を付して書き出してある。

本　論

第1章　羅什の生涯

Kumārajīva は、西域の龜茲《きじ》（現在のクチャ）からシナに赴き、後秦國王・姚興の外護を得て、梵語佛典を漢語に翻譯し、大きな足跡を殘した僧である。鳩摩羅什・究摩羅耆婆などは、その名の音譯（音寫）であり、童壽は、その名の意譯である。（Kumāra は童、jīva は壽。） Kumārajīva は、翻譯した佛典に、翻譯者としての名を記す時には、鳩摩羅什と記している。普通には、羅什とよぶ。本書でも、特別な場合を除き、羅什とよぶ。

羅什の生涯を研究するためのもっとも重要な史料は、羅什の翻譯佛典である。次に重要な史料は、彼の著作である。次に重要な史料は、羅什の周圍にいた弟子や知人が書き殘した記録である。このほか、諸書に存在する羅什の傳記や、隋吉藏の著書等は、有益な史料である。（補論１）

今これらの史料により、羅什の生涯を記述する。それに先立ち、彼の生存したころのシナの政情を概説しておきたい。

西晉末、シナ北部で漢人と雑居していた五胡すなわち匈奴（キョウド）・羯（ケツ）・鮮卑（センピ）・氐（テイ）・羌（キョウ）およびその他の異民族が西晉の支配をはなれて獨立する。311年匈奴の趙王は西晉の都洛陽を陥しいれる。西晉はこれとともに北部の支配權を失い、シナ南部に移り、317年建康（現在の南京）を都とし、建康を含む長江下流地域を中心にシナ南部を支配する。後世、この政權は東晉と呼ばれる。北部に建てられた國の中では、氐人の苻氏の建てた秦が北部を統一し、東晉と對峙する。羌人の姚氏が苻氏に代わったが、國名を同名の秦とした。後世、前者を前秦あるいは苻秦と呼び、後者を後秦あるいは姚秦と呼ぶ。前秦・後秦は長安（現在の西安）を都とし、長安を含む黄河中流地域を中心にシナ北部を支配する。南北王朝の勢力範圍は、ほぼ淮水とその延長線上の漢水の上流・中流を境界としたが、その時の政治情勢により、その境界は南あるいは北に移動した。羅什が生存したころのシナの政情はおよそ上記のようである。

344年、（東晉・康帝建元2年）羅什1歳

羅什の父鳩摩炎《くまえん》はインド人である。宰相の家柄に生まれたが、宰相の位を嗣がず、出家する。後彼は葱嶺《そうれい》（現在のパミール）を越えて西域の小王國龜茲に至り、國師として待遇されるが、龜茲王に要請されて還俗し、龜茲王の妹・耆婆《ぎば》と結婚する。耆婆は熱心に佛道を求めた人である。羅什はこの兩親の子として龜茲に生まれた。

350年、（東晉・穆帝永和6年）羅什7歳

母とともに出家。以後各地の名僧を訪ねて佛教を學ぶ。母が同行することが多かった。

352年、（東晉・穆帝永和8年）羅什9歳

羅什は母とともに北インドの罽賓《けいひん》（現在のカシミール）に行き、槃頭達多《はんずだった》に學ぶ。雑藏《ぞうぞう》・中阿鋡《ちゅうあごん》・長阿鋡《ちょうあごん》を暗誦する。

355年、（東晉・穆帝永和11年）羅什12歳

羅什は沙勒國《さろくこく》（現在のカシュガル）に行き、佛鉢を頂戴する。阿毘曇《あびどん》・六足諸門《りくそくしょもん》・増一阿鋡《ぞういちあごん》を暗誦する。この間彼が學んだ佛教は小乘である。

羅什は小乗をすてて大乗に移ったが、彼を大乗に導いたのは須耶利蘇摩《すやりそま》である。梁慧皎『高僧傳』に次の記事がある。

蘇摩、才伎絶倫、專以大乗爲化、其兄及諸學者、皆共師焉、〔羅〕什亦宗而奉之、親好彌至、蘇摩、後爲〔羅〕什説阿耨達經、〔羅〕什聞、陰界諸入、皆空無相、怪而問曰、此經更有何義、而皆破壞諸法、〔蘇摩〕答曰、眼等諸法、非眞實有、〔羅〕什既執有眼根、彼據因成無實、於是研覈大小、往復移時、〔羅〕什、方知理有所歸、遂專務方等、乃歎曰、吾昔學小乗、如人不識金、以鍮石爲妙、因廣求義要、受誦中百二論及十二門等、[1]＜蘇摩、才伎絶倫、專《もつぱ》ら大乗を以って化《け》を爲す、その兄及び諸學者、皆な共に師とす、羅什も亦《ま》た宗《そう》として之れに奉じ、親好彌《いよい》よ至る、蘇摩、後に羅什の爲《た》めに阿耨達經《あのくたきょう》を説く、羅什聞く、陰界《おんかい》の諸入、皆な空にして相無《そうな》し、怪しみて問いて曰わく、此の經更《さ》らに何の義有りて、皆な諸法を破壞《はえ》す、蘇摩答えて曰わく、眼《げん》等の諸法、眞實の有《う》にあらず、羅什は既に眼根《げんこん》を有することに執《とら》われしに、彼は因成無實《いんじょうむじつ》に據《よ》る。是《こ》こに於いて大・小を研覈《けんかく》し、往復《ゆきき》して時を移す、羅什方《ま》さに理の歸する所有るを知りて、遂に專《もっぱ》ら方等《ほうどう》を務《つと》め、乃ち歎じて曰わく、吾れ昔小乗を學ぶ、人が金を識《し》らず、鍮石《とうせき》を以って妙と爲《な》す如し、因《よ》りて廣く義要を求め、中・百二論及び十二門等を受誦《じゅじゅ》す、＞
「宗」、師とする。「之」・「彼」、須耶利蘇摩。「奉」、つつしんで仕える。「因成無實」、諸法（もろもろのもの）は因縁の成生する法であり、實存しない。「據る」、よりどころにする。「大」、大乗。「小」、小乗。「研覈」、研究。「鍮石」、黄銅（銅の一種)。

羅什譯龍樹『中論』(『大正新脩大藏經』第30巻）観四諦品には、因縁によって生ずる諸法（もろもろのもの）は空であると説く。例文をあげる。

1. 汝、謂我著空、而爲我生過、汝今所説過、於空則無有、[2]＜汝、我れ空に著《じゃく》して爲《ため》に我れ過ちを生ずと謂《い》えども、汝の今説く所過《あや》まてり、空においては則《すなわ》ち有《う》無し、＞
2. 衆因縁生法、我説卽是無、[3]＜衆《もろも》ろの因縁の生ずる法、我れ卽ち是れ無《む》なりと説く、＞

慧皎『高僧傳』によれば、羅什は罽賓の師槃頭達多に大乗を説く。槃頭達多は喜んで曰わく、「和上是我大乗師、我是和上小乗師矣、」[4]＜和上《わじょう》は是れ我が大乗の師なり、我れは是れ和上の小乗の師なり、＞

これより羅什の名聲は、西域・東國（シナ）にひろまる。前秦王苻堅は、かねてから、豊かな龜茲などの西域の要地を支配するとともに、佛教界の英才として廣くその名を知られている、羅什を自國に迎え入れたいと考えていた。

382年（前秦・苻堅建元18年、東晋・孝武帝太元7年)、羅什39歳

苻堅は將軍呂光に命じ、西域遠征に出發させる。出發に當って、苻堅は呂光に西域各地を制壓し、前秦の支配權を確立することと、歸国に當って、羅什を同伴することを命じる。

所期の目的を達成した呂光は、駱駝2000餘頭に戰利品を積み、羅什をともなって歸國の途につく。

羅什は、龜茲を出発してから、呂光と異なる思いをもちながら、呂光とともにシナへの道を進む。

385年、(前秦・苻丕太安1年、東晋・孝武太元10年) 羅什42歳

この年呂光は龜茲から高昌（現在のトルファン）に着き、苻堅が東晋の軍と淝水《ひすい》で戦い、大敗したことを聞く。

呂光は伊吾（現在のハミ）に着く。

呂光は、玉門關から敦煌に入り、長安への道を急ぐ。しかし呂光の歸還は歓迎されない。呂光は彼の進路を遮る敦煌の太守姚静を降《くだ》し、晉昌の太守李純を降し、酒泉の太守宋皓を殺し、涼州の刺史梁熙を殺し、おそらくこの年の8月涼州の州都姑臧に入る。呂光はこの地で、はじめて苻堅が姚萇に殺され、長安は姚萇の建てた後秦の都となっていることを確認する。

386年、(前秦・苻登太初1年、東晋・孝武太元11年) 羅什43歳

呂光は涼州牧と自稱し、年號を太安と定める。

その後呂光は彼が建てた國を涼と呼び（後世それを後涼と呼ぶ)、王と自稱し、さらに天王と自稱する。

羅什は、この年長安や洛陽に近い涼州まで來たが、それ以後あしかけ16年に及ぶ長い期間、そこを離れることができなかった。これはひとえに呂光の意向による。呂光が羅什を彼の身近に置いたのは、羅什に佛教を學ぶためではない。呂光は彼の利益のために羅什を利用した。羅什は呂光にとって利用價値のある人物である（補論2)。

399年、(後秦・姚興弘始1年、東晋・安隆安3年) 羅什56歳、

呂光は死去する。呂光につづく呂纂・呂隆の時代も、羅什は涼州に留められたままである。呂光父子は佛教に關心はなく、長い涼州滞在中、羅什は彼等のために佛教を説くことはないのである。しかしその間、僧肇が佛教を學ぶために羅什のもとに身をよせた。それは羅什を慰め勇氣ずけたであろう。

涼州における生活は、羅什にとって不本意なものであるが、無益なものではない。羅什は涼州において、多くの時間を翻譯の準備のために用いることができたのである。

羅什は翻譯の準備として漢語を學ぶ。ただし羅什の學んだ漢語は、涼州の漢人の子孫の話す、涼州なまりの漢語である可能性が高い（補論3)。

羅什は漢語の學習とともに、進んで漢詩の習作をしたと考えられる（補論4)。

羅什は漢語や漢詩の外にシナの古典を學ぶ。羅什がシナの古典を學んだのは、これらの古典に依據して、自己の思想を形成したシナの人たちと異なっている。彼にはすでに依據する佛典があり、新たにシナの古典に依據して、自己の思想を形成する必要はなかったのである。

羅什は、梵語佛典の翻譯のためにシナの文化を理解しておく必要があり、シナの古典を學習することで、シナの文化を理解しようと考えたであろう。ただし彼は専門家のようなシナの古典の細部にわたる研究を意圖したのではない。彼はシナの古典の基本を概觀し、その大要を得ようとしたであろう。羅什以前の佛典の翻譯者たちもシナの古典を學習している。羅什のシナの古典の學習もその流れに沿ったものであろう（補論5)。

羅什は涼州において、『易經』を學習し（補論6)、『書經』を學習し（補論7)、『詩經』を學習し（補論8)、『論語』を學習した（補論9)。

また羅什は、河上公『老子注』を用いて『老子』を學習し、郭象『莊子注』を用い

て『莊子』を學習した（補論10）。

なお、羅什は涼州滯在中、梵語佛典の翻譯を試みたであろう。

羅什は梵語佛典を漢語に翻譯する目的で、龜茲からシナに赴いた。そのことから考えれば、彼が梵語佛典の翻譯を試みた可能性は高いであろう。

梁・僧祐『出三藏記集』によれば、羅什は、『大品般若經』の翻譯の時、同書の漢語の譯本を參考にしている。おそらくそれは彼が涼州滯在中に入手したものである。

羅什は涼州において、梵語佛典の漢語の譯本を博搜したであろう。彼はその譯本から、さまざまな影響を受けながら、梵語佛典の翻譯を試みたであろう。

401年、（後秦・姚興弘始3年、東晉・安隆安5年）、羅什58歳

この年、呂隆は後秦の姚興に降伏する。呂隆は姚興の要求を受けいれ、羅什を姚興にひきわたす。羅什は國師として後秦の都長安に入る。

羅什は長安の逍遙園の譯場で梵語佛典の翻譯を續ける。姚興は譯場を訪れ、翻譯に加わることもあった。羅什の翻譯に參加し協力した人は多様である。漢人の弟子がいたし、インドや西域出身の僧もいた。

羅什が翻譯した佛典は極めて多い。梁・僧祐『出三藏記集』羅什傳には、羅什の翻譯佛典を列擧した後に、「三十二部（一本、三十三部）三百餘巻」[5]と記している。唐・僧祥『法華傳記』傳譯年代には、「凡譯經論、九十八部四百二十五巻、」[6]と記している。『大正新脩大藏經』著譯目録には、「鳩摩羅什・・・弘始三年至于常安、以弘始四年至十四年、譯大品小品經等七十四部」[7]と記している。

羅什翻譯の佛典の數について、上記のごとく、さまざまな記事があげられている。しかし上記の記事から、羅什翻譯の佛典の數を特定できない。上記の記事は、羅什翻譯の佛典の數が、きわめて多いことを示すにとどまる。

羅什の翻譯佛典は數が多いだけではなく、佛教の廣い分野にわたっている。羅什の翻譯の目的は大乘佛教を弘めることにあった。從って彼の翻譯には大乘佛典が多い。しかし主要な小乘佛典も翻譯している。それは彼が大乘を知るためには小乘を知ることも必要であると考えていたからである。

これらの翻譯佛典は達意の文で綴られている。現在廣く讀まれている翻譯佛典には、羅什翻譯の佛典が多い。その理由の一つは、それが達意の文で綴られていることである。

竺法護に続く羅什の翻訳により、シナにおける翻訳は一応完了する。しかし竺法護や羅什の期待に反し、翻訳仏典は、梵語仏典の意味を離れて、漢語の意味を加えて解釈されるのである。それがいわゆる格義である（補論12）。

413年、（後秦・姚興弘始15年、東晉・安義熙9年）羅什70歳

羅什は長安の大寺で歿した。遺體は逍遙園において、佛教の慣行に從って火葬にされた。

僧肇は誄《るい》（亡き人を思い、哀傷することば）を作り、羅什の功績と人柄をたたえ、その死を惜しんだ（補論11）。それは僧肇の心を表現するだけでなく、殘された門人・外護者・信徒の心を代辯したであろう。

第2章　羅什『老子注』の作成

羅什が『老子注』を作成した時期に關する史料は見當たらない。しかし羅什が置かれていた環境から判斷すれば、それは彼の涼州滯在中ではないであろう。涼州滯在中、羅什は佛典を翻譯する準備の一つとして、『老子』などシナの古典を學習しているが、その間、彼に『老子注』を作成する時間の餘裕があったとは考えられないし、『老子注』を作成する必要があったとも考えられない。

羅什は長安において『老子注』を作ったであろう。ただし、彼は長安においては翻譯に多忙である。彼が『老子注』を作ったのは、佛典の翻譯をすべて終わったあとか、すくなくとも重要な佛典の翻譯を終わったあとの、時間に餘裕が生まれた時期であろう。

ところで、羅什が『老子注』を作成した目的は何であろうか。

翻譯佛典は梵語佛典を翻譯したものであり、本來シナの古典とは思想上無關係である。しかし、シナの古典の教養のある者は、翻譯佛典の思想を解釋するときに、程度の差こそあれ、シナの古典に影響される。とくに彼等は翻譯佛典の思想を『老子』の無の思想で解釋することが多い。

羅什はそれを極力排斥した。私たちは羅什と彼をとりまく思想環境を理解するために、『老子』の無の思想を整理しておく必要がある（補論13)。

シナにおいては、後漢以來梵語佛典の漢譯が行われてきたが、それは羅什による漢譯によって、一應終わったのである。しかし、その間佛教は正確に理解されていなかった。

羅什は佛教が正確に理解されていない事例として、次の二つのことを擧げている。

１．シナにおいては、佛教における大乘と小乘の違いをはっきり區別せず、同じ佛教である以上、大乘と小乘に本質的な違いはないと考えている。

インドにおいては釋尊の教團は釋尊の歿後二つに分かれる。一つは戒律を中心にして、それをさらに細部にわたって整備していくグループであり、一つは思想を中心にして、それをさらに自由に發展させていくグループである。（以下、便宜上前者を小乘派と呼び、後者を大乘派と呼ぶ。）

大乘派はその教義が小乘派よりすぐれているとし、その教義を mahayana（大乘、大きい乘り物、りっぱな乘り物。）と稱し、小乘派の教義を hinayana（小乘、小さな乘り物、ぼろの乘り物。）と稱した。大乘派からみれば、小乘派は固陋である。しかし小乘派からみれば、大乘派は釋尊の教えを逸脱しているのである。兩派は激しく對立し、兩派の教義の相違は誰にとっても明かである。しかしシナにおいては、兩派の對立の本質は理解されていない。

僧叡、『成實論序』（『三論玄義』所收）に言う。

成實論者、佛滅度後八百九十年、罽賓小乘學者之匠、鳩摩羅陀上足弟子、訶梨跋摩之所造也、･･･比於大乘、雖復龍燭之螢耀、未足喩其懸矣、或有人言、此論明於滅諦與大乘均一致、羅什聞而歎曰、秦人之無深識、何乃至此乎、吾每疑其普信大乘者、[1]

＜成實論は、佛の滅後八百九十年、罽賓の小乘の學者の匠、鳩摩羅陀の上足の弟子、訶梨跋摩の造る所なり、･･･大乘に比すれば、龍燭の螢耀と復《もう》すと雖《いえ》ども、いまだ其の懸《へだ》たるを喩《たと》うるに足《た》らず、或いは人の言《い》う有り、此の論は滅諦を明《あ》かし、大乘と均《ひと》しく一致す、羅什

聞きて歎いて曰わく、秦人の深識の無きこと、何ぞ乃ち此《こ》こに至るや、吾れ毎《つね》に其の普《あまね》く大乘を信ずる者を疑う、＞

「復」、申す。「龍燭」、龍の目のかがやき。大乘を比喩する。「螢耀」、螢の光。小乘の『成實論』を比喩する。「懸」、かけ離れている。「滅諦」、佛教に説く四諦（苦諦・集諦・滅諦・道諦）の一つ。佛教では、貪欲を滅すれば、人は苦しみから脱することができると説く。「秦人」、秦地（シナ）の人。「深識」、深い見識。「何乃至此乎」、どうしてこれ程までになったのか、（随分ひどい程度になったという歎き。）

上記の文によれば、シナには小乘の『成實論』は大乘とかけ離れた低い思想であるが、それにもかかわらず、『成實論』の思想が大乘の思想と一致すると言《い》う人がおり、羅什はそれを聞いて、シナの人の見識のないことを嘆いているのである。

２．シナにおいては、多くの人が佛教をシナ古典によって解釋している。

シナにおいては、漢文古典を教養として學ぶ。結果として、漢譯佛典に書かれたさまざまな事柄や思想を、程度の差こそあれ、漢文古典に書かれたさまざまな事柄や思想によって解釋する。

『三論玄義』に次のように記されている。

釋僧肇云、毎讀老子莊周之書、因而歎曰、美卽美矣、然期神冥累之方、猶未盡也、後見淨名經、欣然頂戴、謂親友曰、吾知所歸極矣、遂棄俗出家、羅什昔聞、三玄與九部同極、伯陽與牟尼抗行、乃喟然歎曰、老莊入玄、故應易惑耳目、凡夫之智、孟浪之言、言之似極、而未始詣也、推之似盡、而未詣至也、[2]

＜釋僧肇云《い》う、毎《つね》に老子莊周の書を讀み、因りて歎じて曰《い》う、美は卽ち美なり、然《しか》れども期《き》神《しん》冥《めい》累《るい》の方は猶《な》おいまだ盡《つく》さず、後淨名經を見、欣然として頂戴し、親友に謂《い》って曰《い》う、吾れ歸する所の極を知る、遂に俗を棄てて出家す、羅什昔聞く、三玄と九部は極同じく、伯陽と牟尼は行い抗《ひと》し、乃ち喟《き》然として歎じて曰《い》う、老莊は玄に入る、故に應《まさ》に耳目を惑わし易《やす》かるべし、凡夫の智、孟浪の言なり、之《こ》れを言《い》うに極《きわ》めるに似ていまだ始めより詣《いた》らず、之れを推すに盡《つ》くすに似ていまだ詣《どこ》にも至らざるなり、＞

「三玄」、『老子』・『莊子』・『易』の思想。「九部」、九部法の略、小乘の教え。「伯陽」、老子。「同極」、究極の思想が同じ。「牟尼」、釋尊。「抗」、同じ。「老莊入玄」、老子・莊子は玄の境地（奥深い境地）に入っている。「孟浪之言」、いいかげんなことば。「未始詣」、始めから究めつくすに至っていない。「未詣至也」、到達すべきところのどこにも至っていない。「詣」、どこ（何處）

上記の文によれば、當時の人は三玄と九部の思想は同じであるとか、老子と釋尊の行いは等しいとか言《い》うが、羅什はそれを否定して、老子・莊子の智を「凡夫之智」、老子・莊子の言を「孟浪之言」と言っているのである。

ちなみに、羅什の弟子僧肇は、『老子』について広い知識があり、羅什『老子注』の作成に協力した可能性がある。

僧肇は、『老子』についての知識を、若い時代から身につけており、その時代、早くも『老子注』を作成している（補論14）。

第3章　羅什『老子注』の傳播

現存する書の中で、羅什『老子注』を、最初に記録した書は『古今書録』である。『古今書録』は722年（唐玄宗開元10年）～733年（唐玄宗開元21年）に成立したと考えられる。『古今書録』は唐王室の藏書目録である。この書は現存しないが、この書に記録されている書は、すべて『舊唐書』經籍志（以下『舊唐志』と言う）と『新唐書』藝文志（以下『新唐志』と言う）に再録されている。

『舊唐志』には、羅什『老子注』が次のごとく記録されている。

　老子二巻　鳩摩羅什注[1]

『新唐志』には、羅什『老子注』が次のごとく記録されている。

　鳩摩羅什注二巻[2]

舊唐志と新唐志の記録から考えれば、羅什『老子注』は、722年（唐玄宗開元10年）～733年（唐玄宗開元21年）の一時期、唐王室に存在しているのである。

ところで、その後羅什『老子注』はどうなったか。『舊唐志』の總序に曰わく。

　〔安〕祿山之亂、兩都覆没、乾元舊籍、亡散殆盡、[3]＜安祿山の亂に、兩都覆没し、乾元の舊籍、亡散《ぼうさん》して殆《ほとん》ど盡《つ》く、＞「兩都」は長安と洛陽。

719年（開元7年）、唐王朝の藏書の整理を終えた玄宗は、その厖大な藏書を乾元殿《けんげんでん》に展示し、百官に觀覧させた。「乾元ノ舊籍」とは、その時展示された書籍。

上記の記事によれば、その書籍は安祿山の亂でほとんど失われた。

『新唐志』にも同様の記事がある。新唐志に曰わく。

　安祿山之亂、尺簡不藏、[4]＜安祿山の亂あり、尺簡《せきかん》を藏せず、＞「尺簡」、書籍。

「安祿山の亂」は、正確に言えば、「安史の亂」（安祿山と史思明の亂）と言うべきである。安祿山が叛亂を起こし、その死後、史思明が亂を指揮し、史思明の死とともに、亂は終わった。その間8年、彼等は唐の大軍に對抗して善戰した。おそらくその亂により、多くの書籍とともに、羅什『老子注』も散失したのである。

ところで、當時の慣例として、新王朝は前王朝滅亡の時に、前王朝所藏の書籍を、戰利品として没收する。

宋王朝は、唐王朝滅亡の時、その藏書を没收した。宗王朝は、さらに建國當初のあわただしい政情がおちつくと、國内だけでなく、各國に、書籍を求めたが、羅什『老子注』を入手することはできなかった（補論15）。

杜光庭『道德眞經廣聖義』（以下、『廣聖義』と略稱する。）には、多くの『老子注』・『老子疏』がとりあげられている。その中で羅什『老子注』に言及する記事は、次のごとくである。

1.『廣聖義』序

　老子『節解上下』に始まり、唐・玄宗『道德上下』に終わる61人の注疏を記載し、羅什について、「沙門羅什、本西胡人、符堅時、自玉門關入中國、〔老子〕注二卷」[5]　＜沙門羅什、本《もと》西胡の人、符堅の時、玉門關より中國に入る、老子注二卷、＞と記す。

2.『廣聖義』卷之一、叙經大意解疏序引

六十餘家が『老子』の注䟽を作成したとし、羅什について、「其間〔有〕、梁武〔帝〕・簡文〔帝〕・僧肇・羅什・臧〔矜〕・陶〔弘景〕・顧〔歡〕・孟〔智周〕、霞擧於南朝、」[6]＜其の間、梁の武帝・簡文帝・僧肇・羅什・臧矜《ぞうきん》・陶弘景・顧歡・孟智周有り、南朝に霞の擧《あ》がるがごとし、＞と記す。

3.『廣聖義』巻之五、釋䟽題明道德義

河上公に始まり、劉仁會に終わる29人の『老子注』・『老子䟽』の説を概説し、羅什について、「符堅時羅什・後趙〔佛〕圖澄・梁武帝・梁道士竇略、皆明事理因果之道、」[7]＜符堅の時の羅什・後趙の佛圖澄・梁の武帝・梁の道士竇略《とうりゃく》、皆事理因果の道を明らかにす、＞と記す。

『廣聖義』の上記の序・巻之一・巻之五の記事により、杜光庭の時代、羅什『老子注』が存在しており、杜光庭はそれを直接讀んでいる、と考える人が出るかも知れない。しかしその人の考えに賛成することはできない（補論16)。

第4章　殘存する羅什『老子注』の注文

この章では、下記の16種の『老子注』に殘存する羅什『老子注』の注文を考察の對象とする。ただし傳南齊顧歡『道德眞經注疏』・金李霖『道德眞經取善集』・傳金趙學士『道德眞經集解』・明焦竑『老子翼』の4種の注釋に殘存する羅什『老子注』の注文を記載し、これ以外の12種の注釋に殘存する注文には、簡單な説明を加えるに止める。

12種の注釋に殘存する注文は、『道德眞經注疏』・『道德眞經取善集』・『道德眞經集解』・『老子翼』のいずれかから引用したもので、これをすべて記載する必要性は稀薄である。これをすべて記載すれば、讀者にいたずらに繁雜な思いを與えるだろう。

1. 傳南齊顧歡『道德眞經注疏』(『正統道藏』信字號)

この書の第2・12・37・53・62章（計5章）に、「羅曰」・「顧什等曰」・「羅什内解曰」・「王及び羅什二家云」・「羅什等曰」として、羅什『老子注』の注文を引用する。

第2章

羅曰、人之受形、皆①知愛形而貪名、其所貪惜無非名、善此善無善、不免諸苦、名雖稱、遂何益於已、[1]（①「知」、もと「智」に作る、今「知」に改める。）

第12章

顧什等曰、但聞嘈囋在耳、廼曰不聾、不知聲相即空、與聾何異、[2]

第37章

羅什内解曰、心得一空、資用不失、萬神從化、伏邪歸正、[3]

第53章

王及羅什二家 ① 云、介小也、我小有所知、則便行於大道也、[4]（①「云」、もと「亡」に作る、今「云」に改める。）

第62章

羅什等曰、廻向善道、以免諸惡、[5]

2. 金李霖『道德眞經取善集』(『正統道藏』墨・悲字號)

この書の第25・28・45・48・50・53・63・66・73・77章（計10章）に、「羅什曰」として、羅什『老子注』の注文を引用する。

第25章

羅什曰、妙理常存、名爲有物、萬道不能分、故曰混成、[6]

第28章

羅什曰、忒謂爽失也、若能去智守愚、動與機合、德行相應、爲物楷式、顯則成行、隱復歸道、道本不窮、故成無極、一是智慧無極、二是慧命無極、[7]

第45章

羅什曰、智無不積爲滿、空而能正曰沖、言大滿之人、能忘其滿、雖滿若虛、虛則不竭、用能如此、則無窮極、・・・理正無邪曰直、隨物曲成爲屈、身可屈也、道不可屈也、大直者屈身以伸道也、柳下惠直道、三黜而不去、・・・智無不周爲大辯、非法不説、故稱訥、[8]

第48章

羅什曰、損之者無纍而不遣、遣之至乎忘惡、然後無細而不去、去之至乎忘善、惡者非也、善者是也、既損其非、又損其是、故曰損之又損、是非俱忘、情欲既斷、德與道合、至於無爲、①已雖無爲、任萬物之自爲、故無不爲也、[9]（①「已」、もと「巳」に作る、今「已」に改める。）

第50章

羅什曰、地猶生也、以其攝生無生、故三毒不能傷害、[10]

第53章

羅什曰、取非其有曰盜、貴①己之能曰誇、盜者陰取於人、而畏人知、如上七事、皆徇末忘本、取非其有、仍不自隱密、誇大於人、是謂盜誇、既矜、豈能持久、故曰非道、[11]（①「己」、もと「已」に作る、今「己」に改める。）

第63章

羅什曰、輕而不修、報之必重也、[12]

第66章

羅什曰、心形既空、孰能與無物者爭、[13]

第73章

羅什曰、心定所行果、而望得眞去邪來、遂獲其罪、故言殺・・・行柔弱、唯善是與、則獲其利、〔故〕①言活、活長生也、若進心虛淡、不敢貪染、則長生、[14]（①「言活」の前、もと「故」なし、今「故」を補う。）

第77章

羅什曰、得此虛通、而無思無慮、豈有心智、而欲①貴己之賢、能不恃其爲、無自伐之心、不居其功、無自滿之志、恃爲處功、則見賢、見賢、則是以有餘自奉、招損之道也、[15]（①「己」、もと「巳」に作る、今「己」に改める。）

3. 傳金趙學士『道德眞經集解』(『正統道藏』罔字號)

この書の第12・33章（計2章）に、「羅什曰」・「什曰」として、羅什『老子注』の注文を引用する。

第12章

羅什曰、不知卽色之空與聲相空、與聾盲何異、[16]

第33章

什曰、在生而不生曰久、在死而不死曰壽、[17]

4. 明焦竑『老子翼』

この書の第12・25・33・37・48・68章（計6章）に、「鳩摩羅什曰」・「羅什曰」・「羅什註」として、羅什『老子注』の注文を引用する。

第12章

鳩摩羅什曰、不知卽色之空與聲相空、與聾盲何異、[18]

第25章

羅什曰、妙理常存、故曰有物、萬道不能分、故曰混成、[19]

第33章

羅什曰、在生而不生曰久、在死而不死曰壽、[20]

第37章

羅什曰、心得一空、資用不失、萬神從化、伏邪歸正、[21]

第48章

羅什註、損之者無麤而不遣、遣之至乎忘惡、然後無細而不去、去之至乎忘善、惡者非也、善者是也、既損其非、又損其是、故曰損之又損、是非俱忘、情欲既斷、德與道合、至於無爲、①已雖無爲、任萬物之自爲、故無不爲也、[22]（①「已」、もと「己」に作る、今「已」に改める。）

第68章

羅什曰、心形既空、孰能與無物者爭、[23]

5. 傳明焦竑輯王元貞校誰之子補『道德眞經注解評苑』

この書の編者は焦竑以後の明の道士であろうが、詳細は不明。各章の上欄に諸書を引用する。中には『老子注』が多い。第68章（計1章）に、「羅什曰」として、羅什『老子注』の注文を引用する。

6. 明凌稚隆批點蘇轍『老子解』

この書は凌稚隆が蘇轍『老子解』に批點を施し、各章に諸家の書を引用したものである。第68章（計1章）に、「羅什曰」として、羅什『老子注』の注文を引用する。

7. 明陳懿典『老子道德經精解』

この書では、各章の自注のあとに、諸家の『老子注』を引用する。第25・37・68章（計3章）に、「羅什曰」として、羅什『老子注』の注文を引用する。

8. 明林兆恩『道德經釋略』

この書には、兆恩の自注のあとに、主として『林子』と『老子注』を引用し、ほかに若干の書を引用する。第12章（計1章）に、「鳩摩羅什曰」として、羅什『老子注』の注文を引用する。

9. 明陶望齡『解老』

この書には、望齡の自注のあとに主として『老子注』を引用する。第12・25・33・48章（計4章）に、「羅什」として、羅什『老子注』の注文を引用する。

10. 明郭良翰『道德經薈解』

この書には、良翰の自注のあとに諸家の『老子注』を引用する。第12・25・33・37・48章（計5章）に、「羅什曰」として、羅什『老子注』の注文を引用する。

11. 中華民國李翹『老子古註』

この書の第2・12・25・28・33・37・45・48・50・53・62・63・66・68・73・77章（計16章）に、「鳩摩羅什曰」・「羅什曰」・「羅什内解曰」・「王及羅什二家云」として、羅什『老子注』の注文を、傳南齊顧歡『道德眞經注疏』・金李霖『道德眞經取善集』・明焦竑『老子翼』から引用する。

12. 日本江戸時代・林道春『老子獻齋口義 』

この書は林道春（號、羅山）の漢文による著作。その漢文に訓點が附く。

道春はこの書の欄外に、林希逸（號、獻齋）の『老子口義 』を讀む際、參考になると考えた書を引用する。第25・33章(計2章）に、「羅什曰」として、羅什『老子注』の注文を引用する。

13. 日本江戸時代・德倉昌堅『老子獻齋口義』

この書は德倉昌堅の漢文による著作。その漢文に訓點が附く。訓點は林道春の訓點に従っている。

欄外に、羅山が引用した書だけでなく、そのほかの多くの書を引用する。第12・25・33・37・68章（計5章）に、「鳩摩羅什曰」・「羅什曰」として、羅什『老子注』の注文を引用する。

14. 日本江戸時代・陳元贇『老子經通考』

この書は陳珦（號、元贇）の漢文による著作。

陳珦は1587年（明神宗萬暦15年)、武林に生まれる。1622年（日本元和8年)、日本に渡來する。


1670年（寛文10年)、陳珦は『老子經通考』を作る。彼は當時の日本の學界で支持されている、林希逸『老子口義』に強い不満を持ち、この書によって『老子』を學ぶ者を、「非庸士理學之昏昧乎、」[24]＜庸士理學之昏昧にあらずや、＞とまで極言する。彼は河上公『老子注』を、『老子』理解のための最善の注釋であるとする。

『老子經通考』には、河上公『老子注』のあとに、陳珦の自注がある。自注の中に、諸書を引用する。第25・33・48章（計3章）に、「羅什曰」・「什曰」として、羅什『老子注』の注文を引用する。

15. 日本江戸時代・近藤舜政『老子本義徴』

この書は近籐舜政（號、蘆隱）の漢文による著作。

この書は1745年（延享2年)、舜政が自著の『老子本義』を讀む者のために輯録した書である。舜政はこの書において、自著の『老子本義』の各章から、説明の必要があると考えた語句を取り出し、多くの書を引用しそれを説明している。


彼が引用した書の中に、羅什『老子注』の注文（計1章）が存在する。

16. 日本江戸時代・無名氏『老子經抄』

この書は當時の口語で書かれた著作。

この書は『老子』に關心をもつ一般の人のため、參考になる諸家の説を集めたものである。第25・33・37章（計3章）に、「羅什曰」として羅什「老子注」を引用する。

第5章　羅什『老子注』と河上公『老子注』の關係

河上公『老子注』第48章注文に、「情欲斷絶、德與道合、則無所不施、無所不爲也、」[1]と記されている。

『易經』等の五經、『論語』・『孟子』・『老子』・『莊子』・『列子』・『墨子」・『荀子』・『淮南子』等の諸子の書、『抱朴子』等の道家の書、翻譯佛典等の佛書を見るに、「情欲」の語はあるが、上記の文と同じ文は見當たらない。この文は河上公『老子注』にだけ存在する。

羅什『老子注』第48章に「是非俱忘、情欲既斷、德與道合、至於無爲、已雖無爲、任萬物之自爲、故無不爲也、」[2]の注文が殘存する。おそらく羅什は河上公『老子注』を利用して、この注文を作成した。

以下、羅什作成の諸書と河上公『老子注』を比較して、羅什が河上公『老子注』を利用した事例を検討する。

1.　羅什譯『妙法華經』

能持是經者、於諸法之義、名字及言辭、樂說無窮盡、[3]（神力品）

是二人福、正等無異、於百千萬億劫、不可窮盡、[4]（普門品）

河上公『老子注』の注文

其用心如此、則無窮盡時、[5]（第45章）

羅什は、河上公の『老子注』の注文を參考にして、『妙法華經』の譯文を作ったであろう。

2.　羅什譯『大智度論』

於女人中、除去情欲、忍不愛著、[6]（尸羅波羅密義之餘）

河上公『老子注』の注文

除情欲、守中和、是謂知道、要妙之門戸、[7]（第1章）

治身者當除情去欲、使五藏空虛、神乃歸之、[8]（第11章）

除情去欲、自歸之、[9]（第14章）

道人、損情去欲、五藏清靜、至於虛極也、[10]（第16章））

教民之去利欲、[11]（第74章）

羅什は、河上公のこれらの注文のすべてか、あるいは、いくつかを參考にして『大智度論』の譯文を作ったであろう。

3.　羅什『老子注』の注文

若能去智守愚、・・・爲物楷式、[12]（第28章）

河上公『老子注』の經文

知此兩者、亦楷式、[13]（第65章）

羅什『老子注』の「楷式」は、羅什が河上公『老子注』の經文から引用した語であろう。

4.　羅什『老子注』の注文

　用能如此、則無竆極、[14]（第45章）

河上公『老子注』の注文

　德不差忒、則久壽長生、歸身於竆極、[15]（第28章）

羅什は、河上公『老子注』の注文を參考にして、『老子注』の注文を作ったであろう。

以上の比較により、羅什が注文の作成に、河上公『老子注』の注文を利用したことを知ることができる。

佛典の翻譯に、河上公『老子注』を最初に利用したのは誰であるか、不明である。しかしそれが初めて利用されてから後、梵語佛典を翻譯する時には、河上公『老子注』が常に利用されたと考えられる。佛典の翻譯に河上公『老子注』を利用することは、佛典の翻譯者には、きわめて當然なことであったのである。羅什も、その流れの中で、河上公『老子注』の注文を利用したであろう。

ちなみに『正法華經』の翻譯者竺法護も、『正法華經』の翻譯に、河上公『老子注』を利用している。多くの例の中から2例をあげる。

『正法華經』

　佛言、譬如陶家埏埴作器、或盛甘露蜜、或盛酪蘇麻油、或盛醲飲食、[16]（藥草品）

河上公『老子注』の經文

　埏埴以爲器、當其無有器之用、[17]（第11章）

竺法護は、河上公『老子注』の經文を參考にして、『正法華經』の上記の譯文を作ったであろう。

『正法華經』

　仙人答曰、當入深山、閑居獨處、除諸情欲、爾乃有獲、[18]（藥草品）

河上公『老子注』の注文

　謂除情去欲、日以空虚也、[19]（第15章）

竺法護は、河上公『老子注』の注文を參考にして、『正法華經』の上記の譯文を作ったであろう。

補　論

補論1　羅什研究のための史料および参考文獻

羅什研究のために必要な史料のうち、もっとも重要なものは、羅什が翻譯した佛典である。次に重要なものは、羅什自身の記録および羅什の弟子や知人の記録である。そのほかに次にあげる史料がある。

1. 南朝梁・僧祐　『出三藏記集』(『大正新脩大藏經』第55卷)

この書の成立年代は不明。だたし僧祐の生存年代と生存時代を手がかりにして、この書の成立の時期を限定することが可能である。

この書は僧祐の生存中のある時期に成立しており、南朝梁の存在中のある時期に成立しておるはずである。すなわちこの書が成立したのは、兩時期の重なる時期に限定できる。


僧祐の生存期間は445年～518年。南朝梁の存在期間は502年～557年。兩期間の重なるのは、502年～518年、この書はこの期間のある時期に成立したのである。

この書には羅什傳がある。現存する羅什傳としてはもっとも古い。

2. 南朝梁・慧皎『高僧傳』(『大正新脩大藏經』第50卷)

この書の成立年代は不明。ただし慧皎の生存年代は497年～554年。 南朝梁の存在年代は 502年～557年。『出三藏記集』の成立時期を考えたのと同じ方法で、この書の成立時期を考えれば、502年～554年のある時期となる。

この書にも羅什傳がある。現存する羅什傳としては、『出三藏記集』の羅什傳の次に古い。この羅什傳は『出三藏記集』の羅什傳を參考にして作られた。

これらの南梁の羅什傳は、それに先行する羅什傳の後を受けて、より完成度の高いものを作る目的をもっていたであろう。

3. 北齊・魏收『魏書』

『魏書』の編纂は551年（天保2年）に始まり、554年（天保5年）に終わる。

この書は正史の一つ。北魏のことを記す。羅什に關係する記事は釋老志にある。

この書には、羅什が道安と尊敬しあっていたこと、道彤・僧略・道恒・道縹・僧肇・曇影等と翻譯に從事したこと、惠始・嵩法師に佛教を教えたことを記す。

4. 隋・吉藏『三論玄義』(『大正新脩大藏經』第45卷)

この書は597年（開皇18年）～599年（開皇20年）のある時期に成立。

この書には、羅什研究の史料として貴重な記事が多い。

『三論玄義』以外の吉藏の著書も、その多くが羅什研究に有用である。

5. 隋・費長房『歷代三寶記』(『大正新脩大藏經』第49卷)

この書は597年（開皇17年）に成立。

この書には、羅什とインドやシナの僧との長期にわたる交流を詳細に記す記事がある。それは羅什を知るよい史料である。

6. 唐・房玄齡等『晉書』

この書は646年（貞觀20年）編纂開始、648年（貞觀22年）に終わる。

『晉書』に羅什傳がある。編者は羅什に關心も理解も深くなく、羅什の大乘佛教についての記事に見るべきものはない。

ただ羅什の女性關係については、興味をもち、ゴシップをいくつもとりあげている。

この書の羅什傳は、羅什がシナで受けた逆風を傳える史料の一つと見るべきであろう。

7. 宋・志盤『佛祖統紀』(『大正新脩大藏經』第49巻)

この書は1269年（咸淳5年）に成立。

この書には羅什の翻譯に關する記事がある。その中に、羅什が『妙法華經』を翻譯する時、法護譯　『正法華經』を參考にしたと明記するなど、參考に値する記事が見られる。

8. 元・念常『佛祖歷代通載』(『大正新脩大藏經』第49巻)

この書は1344年（至正4年）に成立。

この書には、羅什が後秦の太子姚泓と空について議論する記事がある。その記事は短いが生彩がある。

羅什は佛教の知識が不十分な姚泓を輕く扱わず、眞劍に議論している。姚泓は議論をしながら、羅什に對して好意と信頼を感じたであろう。この記事は羅什の純粋な一面を物語っているであろう。

参考文獻

1. 京都大學人文科學研究所編『肇論研究』1955年

この書所收の塚本善隆「佛教史上における肇論の意義」に、「鳩摩羅什」の項目があり、羅什の生卒年代、羅什の傳歷と教學、羅什の入關と譯業について記述する。

2. 横超慧日・諏訪義純『羅什』1991年

この書は、羅什の生涯のまとまった傳記としては、初めて作成された書である。横超慧日「翻訳者としての鳩摩羅什」と、諏訪義純「鳩摩羅什の生涯と訳経事業」より成る。

補論2　羅什の涼州長期滞在の理由

羅什は呂光にとってどんな存在であったか。呂光は、佛教を學ぶために、羅什を涼州に留めたのではない。呂光が羅什を涼州に留めた理由は次のごとく考えられる。

1. 交易のために西域やインドから長安や洛陽等に行く隊商も、長安や洛陽等から西域やインドに行く隊商も涼州を通過する。涼州の支配者となった呂光は、これらの隊商に通行税を課することもできるし、隊商の安全を守るための護送費を要求することもできる。隊商のため涼州に市場を開設することもできるし、宿泊施設を作ることもできる。これらのことは、すべて呂光の收入につながるのである。

呂光は隊商と交渉する時の知識を持つ必要があったであろう。呂光はそれを羅什から得たいと考えたであろう。

2. 羅什は幼年の頃から佛教を學ぶために西域やインドに行き、長く滯在するところもあった。

羅什は龜茲國の國語のほか、西域諸國のいくつかの國語を知っていたと考えられる。

呂光は涼州を通過する隊商に彼の意志を傳えるため、羅什の語学力を利用したかったのであろう。

3. 羅什は將來を予見する。呂光が龜茲から歸還する途中のある日、羅什はその夜の宿泊地の危險を予告した。果たして夜大雨があり數千人の死者が出る。386年正月、羅什は呂光に對する部下の叛亂を予告し、呂光は危機を免れる。同年、呂光は子の呂纂に蒙遜を討たせた。羅什はその戰いに利あらずと予告した。果たして呂纂は大敗する。399年、羅什は呂纂に反逆をくわだてる者が出ることを予告した。呂纂は悟らず、遂に斬殺される。呂光や呂纂は、羅什の予告を聞き入れた時は危難を免がれ、羅什の予告を聞きいれなかった時は大きな痛手を受けている。

亂世に生きのびるためには、將來を予見することが求められる。呂光やその後繼者たちは、羅什の予見の能力を利用したいと考えたであろう。

4. 羅什は佛教界の英才として西域のみならずシナにも知られている。彼を外護したい國王や有力者は少なくなかったであろう。

佛教を外護する者は、佛教の外護者としての名聲を得ることができるのである。インドにおいては、マウリヤ王朝のアショーカ王（阿育王）が諸宗教、とくに佛教を外護し、その功績を讃えられている。

シナにおいても、佛教の弘通のために國王の外護が強調される。西晋・安欽や梁・僧伽婆羅によって翻譯された『阿育王傳』は、アショーカ王の傳記である。アショーカ王はシナにおいても、佛教の弘通とともに理想の國王の典型とされたであろう。

呂光は佛教に關心をもたなかったが、著名な羅什を身近に置けば、佛教の外護者としての評價を得、ひいてはそれによって、涼の存在感を高めることができると考えただろう。

呂光はその期待を實現するためには、羅什を身近に置くことが必要である。

5. 羅什は年とともに涼の實状を深く知る。そのため呂光は羅什を自由の身にすることをおそれる。

後秦の姚萇が呂光に對し、羅什を涼から後秦に迎え入れたいと要請した時、呂光はその要請を聽き入れなかった。呂光は羅什が姚萇のもとに行けば、涼の實状を知りつくした羅什が、姚萇のために「智計」を用いて、涼を滅ぼすかもしれないと恐れたのである。呂光は自國の安全のために、羅什を涼州に留めておく必要がある、と考えていたのである。

呂光の死後、呂光の後繼者たちも呂光と同じ考えで、羅什が涼州を離れることを許さなかった。

史料

1. 梁・僧祐『出三藏記集』(『大正新脩大藏經』第55巻)
   鳩摩羅什傳
2. 梁・慧皎『高僧傳』(『大正新脩大藏經』第50巻)
   鳩摩羅什傳
3. 唐・房玄齡等『晉書』
   鳩摩羅什傳
   姚萇傳・姚興傳・姚泓傳
   呂光傳・呂纂傳・呂隆傳
   龜茲國

補論３　羅什の漢語

晉の南遷以前、晉の支配地では、漢民族の話す傳統の漢語（A）があり、漢民族の話す地方なまりの漢語（B）があり、胡人（漢民族は、異民族を包括して胡とよび、分別して匈奴《きょうど》・羯《けつ》・鮮卑《せんぴ》・氐《てい》・羌《きょう》等とよんでいた。）の話す胡人化した漢語（C）がある。

當時Ａを話す人たちはＡをもっとも醇雅なすぐれた漢語と考え、Ｃは勿論、Ｂに對しても優越感をもっていただろう。

龜茲を出發した羅什が呂光の軍とともに涼州の州都姑臧に入ったのは、385年、晉の南遷以後70年ほど經過したころである。當時、もともと胡人の人口の多い涼州では、さらに胡人の人口は增加していただろう。それに比して漢人の人口は減少していただろう。

當時の涼州に、Ａを話す漢人がいるとは考え難い。晉の南遷以後も涼州を離れなかった漢人の子孫は、Ｂを話しているであろう。胡人の中には胡人化した漢語を話す者もいるであろう。羅什はこのような言語環境の中で漢語を學習したのである。

僧叡『大智度論序』に次のごとき語がある。

「〔羅什〕、方言殊好、猶隔而未通、」[1]＜羅什、方言は殊好《しゆこう》なれども、猶《な》お隔《へだた》りて未まだ通《つう》ぜず、＞「方言」、この文では漢語を指す。「殊好」、非常によい。「隔」、ふさがる。「未通」、通じない。

僧叡の經歷から考えれば、彼の話す漢語はＡだろう。彼は羅什の話す漢語を「未通」と評している。

言語が聞く人に理解されにくい原因の一つは、その發音が聞く人に聞きとりにくいことだろう。僧叡が羅什の話す漢語を「未通」と評するのは、羅什の漢語の發音が聞きとりにくいことによるだろう。

しかし僧叡は、同時に羅什の漢語を「殊好」とも言っている。羅什の話す漢語の語法についての評言だろう。

僧叡にとっては、羅什の漢語は、發音は通じにくいが、語法は非常によいのである。

上に述べたことから考えれば、羅什の漢語はＡでもＣでもなく、涼州なまりのＢだろう。羅什は、晉の南遷以後も涼州を離れなかった漢人の子孫から、涼州なまりのＢを學んだ可能性が高い。

ちなみに、出三藏記所收の『維摩經』の序に、僧肇のことばとして、「〔羅什〕、又善方言、時手執胡文、口自宣譯、」[2]＜羅什、又方言を善くし、時に手に胡文を執《と》り、口に自《みずか》ら宣譯す、＞と記している。

また、『百論』の序に、同じく僧肇のことばとして「〔羅什〕先雖親譯、而方言未融、」[3]＜羅什、先に親《した》しく譯すと雖も、方言未まだ融《あき》らかならず、＞と記している。

「善方言」は、羅什の漢語の語法についての評言であり、「方言未融」は、發音についての評言であろう。以上の如く理解すれば、羅什の漢語についての僧肇の評價は、僧叡と同じである。

史料

1. 北齊・魏收等『魏書』
2. 唐・房玄齢等『晉書』
3. 梁・僧祐『出三藏記集』

補論４　羅什の漢詩

羅什の漢詩には文學詩と思想詩がある。初めに文學詩について述べる。

梁僧祐『出三藏記集』の羅什傳に、羅什が法和に贈った五言四句の詩1篇を載せている。

心山育明德、流芳萬由延、哀鸞鳴孤桐、清響徹九天、[1]〈心山に明德を育て、芳を流す萬由延、哀鸞《あいらん》孤桐に鳴き、清響九天に徹《とお》る、〉「山」、法和の心の譬喩。山が木を育てているように、法和はその心に「明德」を育てているといっている。「流芳」、遠くまで感化を及ぼす。「由延」、yojana〈ヨージャナ〉の音寫、距離を現わす。1由延は1日の行軍距離。「鸞」、鳳凰。理想の皇帝・國王が出現すると現れるといわれる。佛教徒には佛教の外護者である皇帝・國王が理想の皇帝・國王である。「哀鸞」、哀しく鳴く鸞。理想の國王である後秦王姚興の不運を哀傷して鳴くのだろう。「桐」、鸞がとまるとされる木。「九天」、天と同じ。

この詩は、姚興の不運を悲しむ法和の心を歌っている。同時に羅什自身の悲しみの心も歌っている。

姚興は394年（後秦姚興皇初1年・東晉孝武帝太元19年）即位してから、416年死去するまで、あしかけ23年在位する。

この詩が作られた当時、姚興は不治の病気にかかっている。この詩は、この詩に歌われている悲しみから考えれば、416年かその少し前に作られたであろう。

この詩は傳統的な漢詩の世界に、「由延」と言《い》う梵語を大膽にとり入れている。鸞をよく理解した上で、「哀鸞」と言《い》う新しい語を創作している。「延」・「天」と押韻するなどして詩のリズムも整えている。この詩には豊かな文学性がある。

次に羅什の思想詩について述べる。

羅什は、慧遠と一度も会う機会はなかったが、両人は、403年、慧遠が羅什に書簡を送ってから、409年、羅什が歿するするまでの、あしかけ7年間、頻繁に書簡をやりとりして、親交を深めた。その書簡の中には、羅什と慧遠の自作の詩が添えられている。それはいずれも五言十二句の詩である。

兩人の詩は慧皎『高僧傳』の慧遠傳に收録されている。羅什の詩を記す。

既已捨染樂、心得善攝不、若得不馳散、深入實相不、畢竟空相中、其心無所樂、若悦禪知慧、是法性無照、虛誑等無實、亦非停心處、仁者所得法、幸願示其要、[2]＜既已《すで》に染樂を捨つれば、心善く攝するを得るや不《いな》や、若《も》し馳散《ちさん》せざるを得れば、深く實相に入るや不《いな》や、畢竟《ひっきょう》して空相の中にあれば、其の心樂しむ所無し、若し禪と智慧を悦べば、是れ法性《ほっしょう》照らすこと無し、虛《こ》誑《おう》等《ひと》しく實無ければ、亦《また》心を停《とど》むる處にあらず、仁者《きみ》の得る所の法、幸願《ねがわ》くは其の要を示せ、＞

この詩が作られたのはいつか。この詩には、上記の文学詩に見られる悲哀の趣きがない。そのことから推量すれば、作られた時期は、416年よりかなり以前と考えられる。

この詩には、思想的な、静かなひびきがある。

史料

1. 梁・僧祐『出三藏記集』（『大正新脩大藏經』第55巻）
2. 梁・慧晈『高僧傳』（『大正新脩大藏經』第50巻）

参考文獻

1. 木村英一等『慧遠研究』遺文篇　（1960年）
   本文・訳注・索引・漢梵対照表より成る。
2. 木村英一等『慧遠研究』研究篇　（1962年）
   木村等13氏の論文より成る。

補論5　梵語佛典の翻譯におけるシナ古典の利用

ここでは上記の標題の1例として、西晉竺法護譯『普曜經』商人奉麨品《しょうにんほうしょうほん》をとりあげる。法護は羅什以前の梵語佛典の漢譯者として第一にとりあげるべき人である。彼が西域から持ち歸った佛典は149部とも言われ、165部とも言われている。彼は終身その翻譯に從事した。僧祐『出三藏記集』竺法護傳に次のごとく記す。

〔竺法護〕終身譯寫、勞不告惓、經法所以廣流中華者、護之力也、[1]＜竺法護終身譯寫す、勞して惓《つか》れたりと告げず、經法の廣く中華に流るる所以《ゆえん》は、護の力なり、＞

308年（西晉懷帝永嘉2年)、法護は『普曜經』を翻譯した。この經典の商人奉麨品に次の文がある。

於是、世尊隨世習俗、心自念言、是法甚深、所入無限、成最正覺、寂然微妙、難逮難知、非心所思、非言所暢、・・・正言似反、誰肯信者、[2]＜是《ここ》において、世尊は世の習俗に隨い、心に自《みずか》ら念じて言《い》わく、是《こ》の法は甚だ深く、入る所は無限にして、最正覺《さいしょうがく》を成す、寂然微妙《じゃくねんびみょう》、逮《およ》び難《がた》く知り難《がた》し、心の思《おも》う所にあらず、言《ことば》の暢《の》ぶる所にあらず、・・・正言《しょうごん》は反するに似る、誰か肯《あ》えて信ずる者《こと》あらん、＞

上記の『普曜經』の語句で、漢文古典に據って譯出されたと考えられるものを指摘する。

1.「寂然」

『易經』の繫辭上に、「易无思也、无爲也、寂然不動、感而遂通天下之故、」[3]〈易は思《おも》う无《な》きなり、爲《な》す无きなり、寂然として動かず、感じて遂に天下の故《こと》に通ず、〉と記す。

法護は易經の「寂然」を『普曜經』の譯語として用いたであろう。

2.「微妙」

『老子』第15章に、「古之善爲士者、微妙玄通、深不可識、」[4]〈古の善く士たる者は、微妙玄通、深くして識《し》るべからず、〉と記し、河上公『老子注』の注文に、「綿綿微妙」[5]〈綿綿として微妙〉（第6章)、「微妙要道」[6]〈微妙の要道〉（第27章)、「微妙無形」[7]〈微妙にして無形〉（第32章)、「窮微極妙」[8]〈微を窮め、妙を極む、〉（第70章）と記す。

法護は『老子』、あるいは河上公『老子注』の注文の「微妙」を『普曜經』の譯語として用いたであろう。

3.「正言似反」

『老子』第78章に「是以聖人云、受國之垢、是謂社稷主、受國不祥、是謂天下王、正言若反、」[9]〈是こ以って聖人云《い》わく、國の垢を受くる、是れを社稷《しゃしょく》の主と謂《い》う。國の不祥を受くる、是れを天下の王と謂《い》う、正言は反するが若《ごと》し、〉と記す。

法護は『老子』の「正言若反」に據って、『普曜經』の「正言似反」の譯語を作ったであろう。

4.「非心所思」。『易經』の渙《かん》に「六四、渙其羣、元吉、渙有丘、匪夷所思、」[10]〈六四、其の羣《むれ》を渙《ちら》す、元《もと》より吉なり、渙《ちら》せども丘《あつま》る有り、夷《い》の思《おも》う所にあらず、〉と記す。「匪」、「非」と同じ。「夷」、常人。この文の主旨—— 徒黨を組んで悪事をたくらむ人人を解散させる、それはもちろんよいことだ、そのあとによい人人の集まりができるものだが、その移り變わりは常人の思い及ばぬことである。

法護は『易經』の「匪夷所思」に據って、『普曜經』の「非心所思」の譯語を作ったであろう。

5.「非言所暢」

『易經』の繫辭上に「子曰、書不盡言、言不盡意、」[11]〈子曰わく、書は言を盡《つく》さず、言は意を盡さず、〉と記す。

『普曜經』の「非言所暢」は、釋尊の悟りの心境は言語で述べられるものではないとの意味であり、『易經』の「言不盡意」は、人の心は言語で説きつくせるものではないとの意味である。

法護は『易經』の「言不盡意」に據って、「非言所暢」の譯語を作ったであろう。

『普曜經』は、法護のなみなみならぬシナの古典の知識によって翻譯された。『出三藏記集』の法護傳に次の記事がある。

〔法護〕年八歳出家、事外國沙門竺高座爲師、・・・篤志好學、萬里尋師、是以博覽六經、涉獵百家之言、[12]<法護八歳にして出家し、外國の沙門竺高《じくこう》座《ざ》に事《つか》えて師と為《な》す、篤志《とくし》にして學を好み、萬里に師を尋《たず》ね、是《こ》こを以って六經《りくきょう》を博覽し、百家《ひゃくけ》の言を涉獵《しょうりょう》す、>

この記事によれば、法護は八歳で出家し、外國僧高座を師とするが、高座に入門した後、萬里の遠方に師を求め、外典である儒教の六經及び諸子百家の書を學んでいる。

出家した少年法護が、外典の學習に勵むのは、師の高座の方針による。高座は、將來法護が佛典の翻譯をするために、シナの古典の知識が必要であると考えていたのである。

法護がその師の教えに従い、シナの古典を學習し、その知識を梵語佛典の翻譯に利用したことは明らかである。

ちなみに、梵語佛典の翻譯に從事した者は、例外なくシナ古典を利用したのである。

史料

1. 竺法護譯『普曜經』(『大正新脩大藏經』第3卷)
2. 梁僧祐『出三藏記集』(『大正新脩大藏經』第55卷)
   竺法護傳
3. 梁慧皎『高僧傳』(『大正新脩大藏經』第50卷)
   竺曇摩羅刹(竺法護)傳
4. 『易經』(朝日新聞社『新訂中國古典選』)
5. 『老子』(同上)
6. 河上公『老子注』(『正統道藏』知字號)

補論6　羅什の『易經』の學習

1.『注維摩經』巻第1に『羅什注』が次のごとく引用されている。

〔羅〕什曰、自欣所獻小、而覩大變也、[1]〈羅什曰わく、自ら獻ずる所小にして、大いに變ずるを覩《み》るを欣ぶ、〉

『易經』繫辭傳に次の文がある。

是故君子居、則觀其象、而玩其辭、動、則觀其變、而玩其占、是以自天祐之、吉无不利、[2]〈是《こ》の故《ゆえ》に君子居《お》れば、則ち其の象《しょう》を觀《み》て、其の辭に玩《したし》む、動けば、則ち其の變を觀て、其の占《うらな》いに玩む、是《こ》こを以《も》って天より之《こ》れを祐《たす》く、吉にして利あらざる无《な》し、〉

『羅什注』の「覩大變、」は、繫辭傳の「觀其變、」の形を少し變えて用いたものであろう。

また、『注維摩經』巻第5に、『羅什注』が次のごとく引用されている。

〔羅〕什曰、無數劫來、受苦無量、未曾爲道、爲道受苦、必獲大利、[3]＜羅什曰わく、無數劫より來《このかた》、苦を受くること量《はか》り無し、いまだ曾《か》って道の爲《ため》にせず、道の爲《ため》に苦を受くれば、必らず大利を獲《え》ん、＞

『易經』繫辭傳に、下記の文がある。

公用射隼于高墉之上、獲之无不利、[4]＜公用《も》って隼《はやぶさ》を高墉《こうよう》の上に射る、之《こ》れを獲《え》て、利あらざる无《な》し、＞

「无不利」の語は、『易經』に極わめて多く用いられている。『羅什注』の「必獲大利」は、『易經』の「獲之无不利」に據るであろう。

2.『鳩摩羅什法師大義』（以下『大義』と言う。）は、慧遠と羅什が佛教の教義についてとり交わした書簡を編集した書である。慧遠が問い、羅什が答えている。

『大義』の「次問分破空并答」の條に、羅什の言を記す。

是故或説假名、或説實法、無咎、[5]〈是《こ》の故に或いは假名《けみょう》と説き、或いは實法と説くとも、咎《わざわ》い無し、〉

また『大義』の「次問答造色法」の條に、羅什の言を記す。

如是、四大四大所生色、〔四大〕雖復自生生彼、無咎、[6]〈是《かく》の如く、四大《しだい》と四大所生の色《しき》あり、四大復《ま》た自《みずか》ら生じ彼を生ずと雖《いえど》も、咎《わざわ》い無し、〉

「無咎」、わざわいがない。占《うらな》いの結果を告げる時のことばである。上記の羅什の「無咎」は『易經』の「無咎」を用いたものであろう。

以上のことから、羅什は、『易經』を學び、必要な知識を得たと考えられる。

『注維摩經』の巻第5に、羅什の弟子・道生の語が次のごとく記されている。

〔道〕生曰、夫戀生者、是愛身情也、・・・窮理盡性、勢歸兼濟、[7]＜道生曰わく、夫《そ》れ生を戀すとは、是《こ》れ身を愛する情なり、・・・理を窮《きわ》め性を盡《つく》せば、勢《いきお》い兼濟《あわせすく》うに歸せん、＞

『易經』説卦傳に次の語がある。

和順於道德而理於義、窮理盡性以至於命、[8]＜道德に和順して義を理《おさ》め、理を窮《きわ》め性を盡《つ》くして以て命《めい》に至る、＞

道生は、「窮理盡性」の語を、『易經』説卦傳に據って作ったと考えられる。

『注維摩經』巻第8に、羅什の弟子・僧肇の語が次のごとく記されている。

〔僧〕肇曰、自經始已來、所明雖殊、然皆大乘無相之道、・・・其塗雖殊、其會不異、[9]
＜僧肇曰わく、經《けい》始《し》してより已來《このかた》、明らかにする所は殊《こと》なると雖も、然《しか》れども皆大乘の無相の道なり、・・・其の塗《みち》は殊なると雖も、其の會《あ》うところは異《こと》ならず、＞「經始」、開始する。

『易經』繫辭傳に、次の文がある。

易曰、憧憧往來、朋從爾思、子曰、天下何思何慮、天下同歸而殊塗、一致而百慮、天下何思何慮、[10]＜易に曰わく、憧憧《しょうしょう》として往來すれば、朋爾《ともなんじ》の思いに從う、子曰わく、天下のこと何をか思い何をか慮《おもんばか》らん、天下のこと歸同じくして塗《みち》殊《こと》なる、致《いた》るところ一《いち》にして慮《おもんばか》るところ百、天下のこと何をか思い何をか慮《おもんばか》らん、＞「憧憧」、おちつきのない様子。

僧肇は、「其塗雖殊、其會不異、」の語を、『易經』繫辭傳の「天下同歸而殊塗、」に據って作ったと考えられる。

羅什と弟子は、ともに『易經』に關心をもち、それを學習している。羅什が弟子と同席して、『易經』を話題にした可能性は低くないと考えられる。

史料

1.『易經』
2.『鳩摩羅什法師大義』(『大乘大義章』)(『大正新脩大藏經』第45巻)
3.『注維摩經』(『大正新脩大藏經』第38巻)

補論７　羅什の『書經』の學習

羅什『老子注』第77章の注文に言わく。

不恃其爲、無自伐之心、不居其功、無自滿之志、恃爲處功、則見賢、見賢、則是以有餘自奉、招損之道也、[1]〈其の爲《な》すを恃《たの》まざれば、自《みずか》ら伐《ほこる》の心無し、其の功に居《お》らざれば、自ら滿つるの志無し、爲すを恃み功に處《お》らば、則ち賢を見《あらわ》す、賢を見せば、則ち是れ有《う》餘《よ》を以って自ら奉ず、損を招く道なり、〉「恃」、頼みにする。「伐」、誇る。「居」・「處」、いすわる。「滿」、滿足する。「見」、見示する。「賢」、賢明。「有餘」、餘りあるもの。「自奉」、わが身を養う。「招損」、損害を招きよせる。

ところで東晉元帝（在位、317年 ～322年）の時代、梅頤《ばいい》なる人物が元帝に獻上した『書經』（『尚書』）がある。この書は、東晉では『書經』を學習するためのテキストとして廣く利用された。羅什も涼州に滯在した時期（385年～401年）に、この書をテキストとして『書經』を學習したと考えられる。この書の「大禹謨」に次の記事がある。

1. 舜帝が禹をほめたことば。

〔帝曰〕、克勤于邦、克儉于家、不自滿假、惟汝賢、汝惟不矜、天下莫與汝爭能、汝惟不伐、天下莫與汝爭功、[2]〈帝曰わく、克《よ》く邦に勤め、克《よ》く家に儉にして、自《みずか》ら滿假《まんか》せず、惟《た》だ゛汝賢なり、汝惟《た》だ矜《ほこ》らず、天下に汝と能《のう》を爭《あらそ》うものなし、汝惟《た》だ伐《ほこ》らず、天下に汝と功を爭《あらそ》うものなし、〉「滿假」、滿足しておごりたかぶる。「矜」・「伐」、誇る。「能」、能力。

2. 益が禹に助言したことば。

〔益曰〕、惟德動天、無遠弗屆、滿招損、謙受〔利〕益、時乃天道、[3]〈益曰わく、惟《た》だ德のみ天を動かし、遠きとして屆《いた》らざる無し、滿にして損を招き、謙にして利益を受く、時《こ》れ乃《すなわ》ち天の道なり、〉「惟」、只だ。「屆」、至る。「時」、是れ。

今、上記の羅什『老子注』の注文と、上記の『書經』の「大禹謨」と比較する。

前者の「無自滿之志」に對し、後者には「不自滿假」があり、前者の「招損」に對し、後者にも「招損」がある。

比較の結果、羅什は、彼が學習した『書經』の知識を、『老子注』の作成に利用したと考えることができる。羅什が『書經』を學習したことに、疑問の餘地はないのである。

ちなみに清代の考證學者閻若據等は、東晉元帝に獻上された『書經』を、作者不明のにせ物であるとして、『僞古文尚書』と呼んでいる。

史料

1. 羅什『老子注』
2. 『僞古文尚書』

參考文獻

平岡武夫　『經書の傳統』1974年

第3章　第5節 「僞古文尚書と文學」に、『僞古文尚書』に關する記事がある。

平岡氏は、『僞古文尚書』は晉の頃に初めて世に出た、傳承のいぶかしい書であるが、その書が人人に受け入れられたのは、その文章が古い書籍の字句を用いて作られていることによる、としている。

なお、平岡氏には、この書に先立って『經書の成立』（1964年）の著書がある。

補論8　羅什の『詩經』の學習

補論8においては、『妙法華經』と『詩經』を史料として、羅什の『詩經』の學習を考察する。

初めに『妙法華經』と『詩經』の文體を比較する。

『妙法華經』

爾時世尊、説是偈已、告諸大衆、唱如是言、我此弟子、摩訶迦葉、於未來世、當得奉覲、三百萬億、諸佛世尊、供養恭敬、尊重讃歎、廣宣諸佛、無量大法、於最後身、得成爲佛、・・・爾時世尊、欲重宣此義、而説偈言、告諸比丘、我以佛眼、見是迦葉、於未來世、過無數刧、當得作佛、・・・其佛當壽、十二小刧、正法住世、二十小刧、像法亦住、二十小刧、光明世尊、其事如是、爾時大目犍連、須菩提、摩訶迦栴延等、皆悉悚慄、一心合掌、瞻仰尊顔、目不暫捨、卽共同聲、而説偈言、大雄猛世尊、諸釋之法王、哀愍我等故、而賜佛音聲、・・・大雄猛世尊、常欲安世間、願賜我等記、如飢須教食、爾時世尊、知諸大弟子、心之所念、告諸比丘、是須菩提、於當來世、奉覲三百萬億那由他佛、供養恭敬、尊重讃歎、常修梵行、具菩薩道、於最後身、得成爲佛、・・・爾時世尊、欲重宣此義、而説偈言、諸比丘衆、今告汝等、皆當一心、聽我所説、・・・[1]（授記品第6）

上に1例として引用した「妙法華經」授記品の文體には、4字1句がもっとも多い。

『詩經』

思齊大任、文王之母、思媚周姜、京室之婦、大姒嗣徽音、則百斯男、惠于宗公、神罔時怨、神罔時恫、刑于寡妻、至于兄弟、以御于家邦、雝雝在宮、肅肅在廟、不顯亦臨、無射亦保、肆戎疾不殄、烈假不遐、不聞亦式、不諫亦入、肆成人有德、小子有造、古之人無斁、譽髦斯士、[2]（大雅・思齊）

『詩經』は國風・小雅・大雅より成るが、上に1例として引用した『詩經』大雅・思齊の文體には、4字1句がもっとも多い。

次に『妙法華經』と『詩經』に用いられる頌の1字の意味を比較する。

『妙法華經』

爾時諸梵天王、卽於佛前、一心同聲、以偈頌曰・・・[3]（化城喩品第7）＜爾《そ》の時に諸《もろもろ》の梵天王、佛前に卽《ちかず》き、一心に聲を同じくし、偈《げ》を以って頌《ほ》めて曰わく・・・＞

時、龍王女、忽現於〔佛〕前、頭面禮敬、却往一面、以偈讃〔佛〕曰、[4]（提婆達多品第12）＜時《とき》に、龍王の女《むすめ》、忽ち佛前に現《あら》われ、頭面《ずめん》にて禮敬《らいきょう》し、却《しりぞ》いて一面《いちめん》に往《ゆ》き、偈《げ》を以って佛《ほとけ》を讃《ほ》めて曰《い》わく、＞「頭面禮敬」、頭面を地につけ、尊敬の禮をする。「一面」、一つの場所。

是諸菩薩、以妙音聲、歌無量頌、讃歎諸佛、[5]（分別功德品第17）＜是の諸《もろもろ》の菩薩、妙《たえ》なる音聲《おんじょう》を以って、無量の頌《じゅ》を歌い、諸の佛を讃歎《さんだん》す、＞

上記の3品より考えれば、『妙法華經』における頌は、ほめる、たたえる意味で用いられている。

『詩經』

維天之命、於穆不已、於乎不顯、文王之徳之純、假以溢我、我其收之、駿惠我文王、曾孫篤之、[6]（周頌）＜維《こ》れ天《てん》の命《めい》、於《ああ》、穆《ぼく》として已《や》まず、於乎《ああ》、不顯《ひけん》なり、文王の徳の純《じゅん》なる、假《あた》えて以《も》って我《わ》れに溢つる、我《わ》れ其《そ》れ之《こ》れを收《おさ》む、駿《おおい》に惠《めぐ》む我《わ》が文王、曾孫《そうそん》之《こ》れに篤《あつ》くせよ、＞「於」・「於乎」、感動の語、ああ。「穆」、すばらしい。「不顯」、輝かしい。この頌は周の文王を讚美している。

於皇武王、無競維烈、允文文王、克開厥後、嗣武〔王〕受之、勝殷遏劉、耆定爾功、[7]（周頌）＜於《ああ》、皇《おお》いなる武王、競《きそう》なく維《こ》れ烈《さかん》なり、允《まこと》に文ある文王、克《よ》く厥《そ》の後《あと》を開《ひら》く、嗣《つ》ぎて武王之れを受け、殷《いん》に勝ち劉《ころ》すことを遏《や》め、爾《そ》の功を耆定《してい》す、＞「皇」、偉大。「武王」、周の文王の子。「後」、子孫。「克開厥後」、よく子孫繁栄の基礎を開く。「耆定」、安定にする。この頌は周の武王を讚美している。

上に引用した2例の頌は、周の先祖の文王と武王の功績を述べ、それをほめたたえている。このことから、『詩經』における頌は、ほめたたえる、あるいは、ほめたたえる語の意味で用いられていると考えられる。

『妙法華經』・『詩經』の文體と頌の意味を比較すれば、そこには、きわめて明らかな類似が見られる。羅什は『詩經』を學習し、それを利用したと考えられる。

史料

1. 羅什譯『妙法華經』（大正新脩大藏經　第9巻）
2. 『詩經』

補論9　羅什の『論語』の學習

傳僧肇編『注維摩經』は、羅什とその門人の僧肇・道生等の『維摩詰經』の注を集めた書である。

『注維摩經』巻第9に、羅什の注として次の文がある。

〔羅〕什日、和而不同、[1]〈〔羅〕什日わく、和して同ぜず、〉

『論語』子路篇に次の文がある。

子曰、君子和而不同、小人同而不和、[2]〈子曰わく、君子は和して同ぜず、小人は同じて和せず、〉

『羅什注』の「和而不同」は、子路篇の「和而不同」を用いたものであろう。

また『注維摩經』巻第9に、羅什の注として次の文がある。

〔羅〕什日、無我則衆生空、空而非無、故誨人不倦也、[3]〈〔羅〕什日わく、我れ無ければ則ち衆生空なり、空にして無にあらず、故に人を誨《おし》えて倦《う》まざるなり、〉

『論語』述而篇に次の文がある。

子曰、默而識之、學而不厭、誨人不倦、何有於我哉、[4]〈子曰わく、默して之れを識《し》り、學んで厭《いと》わず、人を誨えて倦《う》まず、何んぞ我れに有らんや、〉

『羅什注』の「誨人不倦」は、述而篇の「誨人不倦」を用いたものであろう。

羅什譯『維摩經』菩薩行品第11に次の文がある。

佛告諸菩薩、・・・觀於無常、而不厭善本、觀世間苦、而不惡生死、觀於無我、而誨人不倦、[5]＜佛 諸《もろも》 ろの菩薩に告ぐ・・・、無常を觀じて、善本を厭《いと》わず、世間の苦を觀じて、生死《しょうじ》を惡《にく》まず、無我《むが》を觀じて、人を誨《おし》えて倦《う》まず、＞

羅什は、『論語』述而篇の「誨人不倦」を、『維摩經』の經文の漢譯にも用いたであろう。

羅什の弟子たちも『論語』を用いている。その1例として僧肇がいる。

『注維摩經』巻第9に，僧肇の注として次の文がある。

〔僧〕肇曰、二乘以無常爲無常、故厭有爲善法、以苦爲苦、故惡生死苦、以無我爲無我、故怠於誨人、以寂爲寂、故欲永寂、菩薩不以無常爲無常、故能不厭善本、不以苦爲苦、故不惡生死、不以無我爲無我、故誨人不倦、不以寂爲寂、故不求永寂也、[6]＜僧肇曰わく、二乘は無常を以って無常と爲《な》す、故に有爲《うい》の善法を厭《いと》う、苦を以って苦と爲す、故に生死《しょうじ》の苦を惡《にく》む、無我《むが》を以って無我と爲す、故に人を誨《おし》えることを怠《おこ》たる、寂《じゃく》を以って寂と爲す、故に永寂《ようじゃく》を欲す、菩薩は無常を以って無常と爲さず、故に能く善本を厭《いと》わず、苦を以って苦と爲さず、故に生死を惡《にく》まず、無我を以って無我と爲さず、故に人を誨《おし》えて倦《う》まず、寂を以って寂と爲さず、故に永寂を求めざるなり、＞

この文に「誨人不倦」の語句があることから、僧肇が『論語』を讀み、それを用いたことを知ることができる。

羅什も弟子も『論語』を讀み、それを利用している。彼等が同じ場に集まり、『論語』について話し合った可能性がある。

史料

1.『論語』

2.羅什譯『維摩經』(『大正新脩大藏經』第14卷)

3.傳僧肇編『注維摩經』(『大正新脩大藏經』第38卷)

参考文獻

大正大学綜合佛教研究所　注維摩經研究會編著　『對譯注維摩經』(2000年)

この書は、8項目（はじめに・解題・凡例・目次・対譯本文・注釋・おわりに・注釋語句索引）より成る。

補論10　羅什の『莊子』の學習

羅什が『莊子』を學習したことは、吉藏『三論玄義』の次の文によっても明らかである。

羅什昔聞、三玄與九部同極、伯陽與牟尼抗行、乃喟然歎曰、老莊入玄、故〔讀者〕應易惑耳目、凡夫之智、孟浪之言、言之似極、而未始詣也、推之似盡、而未誰至也、[1)]<羅什、昔三玄と九部とは極同じく、伯陽と牟尼《むに》とは行い抗《ひと》しと聞き、乃ち喟然《きぜん》として歎いて曰わく、老・莊は玄に入る、故に讀者まさに耳目を惑わし易《やす》かるべし、凡夫《ぼんぶ》の智、孟浪《もうろう》の言なり、之れを言いて極《きわ》むるに似て、いまだ始めより詣《いた》らざるなり、之れを推して盡《つ》くすに似て、いまだ誰《どこ》にも至らざるなり、>「三玄」、『老子』・『莊子』・『易經』。「九部」、九部法。羅什譯『妙法華経』方便品に、「我が此の九部の法は、衆生に随順して説く、大乘に入る本たり、」と説く。この記事によれば、「九部」は小乘の經典である。「伯陽」、老子。「牟尼」、釋尊。「玄」、奥深い道理。「孟浪」、まとまりがない。「推」、きわめる。「盡」、しつくす。

羅什は老子と莊子の智を凡夫の智と言い、そのことばを孟浪の言とまで評している。羅什は、老子と莊子を學習し、老子・莊子を批評する知識を有すると自負していたと考えられる。

羅什の時代をよびその前後の時代には、『莊子』を學ぶのに、郭象『莊子注』が廣く利用されている。『列子注』の作成に、向秀等の『列子注』を利用せず、郭象『莊子注』を利用する者さえ現れる。魏・張湛は、その一人である。このことからも、郭象『莊子注』がいかに普及していたか、その實狀を知ることができる。

羅什は、郭象『莊子注』をテキストとして『莊子』を學習したであろう。羅什のシナの古典の學習は、専門家と異なり、一應の理解を目標としている。従って、『莊子』の學習に使用するテキストは、入手しやすい郭象『莊子注』で十分であったのである。

史料

1.『莊子』
2.郭象『莊子注』
3.向秀『列子注』
4.羅什譯『妙法華經』
5.吉藏『三論玄義』

補論11　僧肇作成の誄

僧肇は羅什を偲び誄《るい》（亡き人を思い、哀傷することば）を作成した。それは『廣弘明集』に収められている。下にその一部分を引用する。

夫道不自弘、弘必由人、・・・爰有什法師者、蓋先覺之遺嗣也、・・・世之安寢則覺以大音、時將晝昏、乃朗以慧日、・・・以要言之、其爲弘也、隆於春陽、其除患也、厲於秋霜、・・・癸丑之年、年七十、四月十三日、薨于大寺、嗚呼、哀哉、・・・〔羅什法師〕、恂恂善誘、肅肅風馳、道能易俗、化能移時、奈何昊天、摧此靈規、至眞既往、一道莫施、天人哀泣、悲慟靈祇、嗚呼、哀哉、[1]＜夫《そ》れ道は自《おのず》から弘まらず、弘まること必ず人に由《よ》る、・・・爰《こ》こに羅什法師なる者有り、蓋《けだ》し先覺の遺嗣なり、・・・世の安らかに寢《ね》むれば、則ち覺《さ》ますに大音を以ってす、時の將《まさ》に晝昏《くら》ければ、乃《すなわ》ち朗《あきら》かにするに慧日《えにち》を以ってす、・・・要を以って之れを言えば、その弘むるを爲《な》すこと春の陽《ひ》より隆《さか》んに、その患《げん》を除くこと秋の霜より厲《はげ》し、・・・癸丑の年、年七十、四月十三日、大寺に薨ず、嗚呼、哀しいかな、・・・羅什法師、恂恂《じゅんじゅん》として善く誘《いざな》い、肅肅《しゅくしゅく》として風のごとく馳《は》す、道は能《よ》く俗を易《か》え、化《け》は能《よ》く時を移す、奈何《いか》んぞ昊天《こうてん》、此の靈規《りょうき》を摧《くだ》く、至眞《ししん》既に往《ゆ》き、一道《いちどう》施す莫《な》し、天人《てんにん》哀泣し、靈祇悲慟す、嗚呼《ああ》、哀しいかな、＞　「慧日」、太陽のごとく明るい智慧。「患」、苦しみ。「恂恂」、まじめなさま。「肅肅」、すみやかなさま。「化」、教化。「昊天」、天の神。「靈規」、靈妙な規範。「至眞」、聖者。「一道」、唯一の眞實の道。「天人」、天上の人。「靈祇」、大地の神。

僧肇作成のこの誄は、羅什を偲ぶ僧肇の哀しみを述べたことばであるが、羅什が歿した年月日・年齢・場所を正確に知ることができる、貴重な史料でもある。

史料

唐・道宣『廣弘明集』（『大正新脩大藏經』第52卷 ）

補論12　格義

梵語佛典の意味を漢語で正確に傳えることは容易でない。佛典の翻譯に苦心した佛圖澄がもっとも懸念したことは、翻譯佛典がシナにおいて、梵語佛典の意味を離れて、漢語の意味で解釋されることである。

慧皎『高僧傳』の佛圖澄傳には、法雅が佛圖澄の講説を聞き、佛教の精緻な道理と幽緻な境地をよく理解したと記されている。當時、法雅は、ひたすら佛圖澄の教えを吸收する學僧であったと考えられる。

佛圖澄は348年死去する。法雅等は寺を離れ、高邑に移った。法雅は、その地で、自己の佛教解釋を初めて格義と呼んだ。

梁・慧皎『高僧傳』の法雅傳に次の記事がある。

〔法雅〕少善外學、長通佛義、衣冠士女、咸附諮稟、時依門徒、並世典有功、未善佛理、〔法〕雅乃與康法朗等、以經中事數、擬配外書、爲生解之例、謂之格義、[1]＜法雅少《わか》きとき外學《げがく》を善くし、長じて佛義に通ず、衣冠《えかん》の士女、咸《み》な附《つ》きて諮稟《しりん》す、時に依門《えもん》の徒、並びに世典《せてん》に功有れども、いまだ佛理を善くせず、法雅乃《すなわ》ち康法朗等と經中の事數《じすう》を以って外書《げしよ》に擬配《ぎはい》し、生解《しょうげ》の例となし、之れを格義と謂《い》う、＞「外學」、佛教以外の學問。「衣冠の士女」、衣冠をつける人（官位の高い人）の男子・女子。「諮稟」、相談し指圖をうける。「依門徒」、信者。「世典」・「外書」、佛典以外の書。「善くす」、よく知る。「功」、よい評判。「事數」、事柄と道理。「擬配」、なぞらえる。「生解」、新しい見解。

法雅は、高邑において翻譯佛典を講義する時に、翻譯佛典とシナ古典を用意し、それを交互に手にとり、講義したのである。

ところで、格義の呼稱は、次第に廣がりをもち、法雅と類似した考えで佛典を解釋することは、いつの時代の解釋であっても、格義と呼ばれるようになる。

史料

梁・慧皎『高僧傳』(『大正新脩大藏經』第50巻)

佛圖澄傳・法雅傳・法朗傳

參考文獻

伊藤隆壽『中國佛教の批判的研究』(1992年)

「本論　第1章　格義佛教考」において、格義について記述する。

この章は、(1)問題の所在(2)格義の規定(3)格義の3項より成る。

補論13 『老子』の無

『老子』には、『無』についてさまざまな見解が述べられている。以下それを概説する。

(1) 「無」は萬物を生む霊力を持ったものである。

反者道之動、弱者道之用、天下萬物、生於有、有生於無、[1]（第40章）＜反は道の動、弱は道の用、天下の萬物は有より生じ、有は無より生ず、＞

(2) 「無」は天下を取る手段である。

以正治國、以奇用兵、以無事取天下、[2]（第57章）＜正を以《も》って國を治め、奇を以って兵を用い、無事を以って天下を取る、＞

(3) 「無」は有と相補的な關係にある。

天下皆知美之爲美、斯惡已、皆知善之爲善、斯不善已、故有無相生、難易相成、長短相較、高下相傾、音聲相和、前後相隨、[3]（第2章）＜天下皆な美の美爲《な》るを知る、斯《こ》れ惡なるのみ、皆な善の善爲《な》るを知る、斯《こ》れ不善なるのみ、故に有無相《あ》い生じ、難易相い成り、長短相い較《きそ》い、高下相い傾き、音聲相い和し、前後相い隨《したが》う、＞

(4) 「無」（何もない空間）にこそ價値がある。

三十輻、共一轂、當其無、有車之用、埏埴、以爲器、當其無、有器之用、鑿戸牖、以爲室、當其無、有室之用、故有之以爲利、無之以爲用、[4]（第11章）＜三十輻、一轂を共にす、其の無に當たりて、車の用あり、埴《しょく》を埏《こ》ねて、以《も》って器を爲《つく》る、其の無に當たりて、器の用あり、戸牖《こゆう》を鑿《うが》ちて、以って室を爲《つく》る、其の無に當たりて、室の用あり、故に有の以って利を爲《な》すは、無の以って用を爲せばなり、＞「埴」、粘土。「戸牖」、戸と窓。

なお、心情としての「無」である、無欲・無心・無私・無知等も、「無」であろう。

老子の「無」の思想は上述のごとくである。これだけとりあげれば、とりたてて批判すべきものはない。むしろ好感をもたせられる主張がある。

問題は「老子」の「無」が佛教の思想、とくに「空」の思想と交渉する時に生じるのである。

傳趙學士道德眞經集解、五色章第12に次の記事がある。

羅什曰、不知即色之空、與聲相空、與聾盲何異、[5]＜羅什曰わく、即色の空と聲相の空を知らざれば、聾盲と何ぞ異《こと》ならん、＞

羅什は、佛教の「空」と「老子」の「無」は混同してはならない、それを識別できない者は、聾《ろう》（耳のきこえない者）盲《もう》（目の見えない者）であるとまで極言するのである。

羅什譯『妙法連華經』においても、羅什は両者を明確に區別している。安樂行品に次の文がある。

一切諸法、空無所有、無有常住、亦無起滅、[6]＜一切の諸法、空にして有る所無く、常住有る無く、亦《また》起滅無し、＞

「空」は『妙法華経』の基本の思想であり、「無」は存在を否定する、「不」に近い助辭である。

史料

『老子』

補論14　僧肇『老子注』

僧肇は、若いころから、『老子』に關心を持っていた。傳趙學士『道德眞經集解』の第2・13・20・23・53章に、僧肇が若いころ作成した『老子注』が殘存する。それは、僧肇『老子注』の不完全な斷片であるが、僧肇『老子注』の全容を考察するための、ひいては、僧肇の思想の全容を考察するための貴重な史料である。以下、その注を記す。

〔僧〕肇曰、有無相生、其猶高必有下、然則有無雖殊、俱未免於有也、[1] (第2章) ＜僧肇曰わく、有無相《あ》い生ず、其れ猶《な》お高きもの有れば、必らず下《ひく》きものあるごとし、然《しか》らば則ち有と無とは殊《こと》なると雖《いえ》ども、俱《とも》に未《いま》だ有を免《まぬ》がれざるなり、＞

これは『老子』第2章に對する注である。

〔僧〕肇云、大患莫若於有身、故滅身以歸無、[2]（第13章）＜僧肇曰わく、大患は身の有るに若《し》く莫《な》し、故に身を滅し以って無に歸す、＞

これは『老子』第13章に對する注である。

〔僧〕肇曰、習學謂之聞、絶學謂之鄰、過此二者、謂之眞過、然則絶學之外、向上猶有事在、[3]（第20章）＜僧肇曰わく、學を習う、之《こ》れを聞と謂《い》う、學を絶《た》つ、之《こ》れを鄰と謂《い》う、此の二つを過《さ》ること、之《こ》れを眞《まこと》に過《さ》ると謂《い》う、然《しか》らば則ち學を絶つの外《ほか》には、向上し猶《ためら》わば、事の在る有り、＞「過」、さる。すてる。「向上」、高い地位などを求める。「猶」、ためらう。

これは『老子』第20章に對する注である。

〔僧〕肇曰、眞者同眞、僞者同僞、靈照冥諧、一彼實相、無得無失、無浄無穢、明與無明等也、[4]（第23章）＜僧肇曰わく、眞は眞と同じ、僞は僞と同じ、靈照して冥に諧《かな》い、彼《か》の實相と一なり、得も無く失も無く、浄も無く穢も無く、明と無明と等しきなり、＞

これは『老子』第23章に對する注である。

〔僧〕肇曰、有所知則有所不知、聖心無知、故無所不知、小知大知之賊也、[5]（第53章）＜僧肇曰わく、知る所あれば、則ち知らざる所あり、聖心は知るところ無し、故に知らざる所無し、小知は大知の賊なり、＞

これは『老子』第53章に對する注である。

僧肇がこの『老子注』を作成したのは、いつであったか。吉藏『三論玄義』に次の文がある。

釋僧肇云、毎讀老子莊周之書、因而歎曰、美卽美矣、然棲神冥累之方、猶未盡也、後見淨名經、欣然頂戴、謂親友曰、吾知所歸極矣、遂棄俗出家、[6]〈釋僧肇云わく、老子・莊周の書を讀む毎《ごと》に、因《よ》りて歎じて曰わく、美は卽ち美なり、然れども神《こころ》を棲《やす》め累《わずらい》を冥《しず》むる方《てだて》は猶《な》おいまだ盡《つく》さざるなり、後、淨名經《じょうみょうきょう》を見て、欣然として頂戴《おしいただ》き、親友に謂《い》って曰わく、吾れ歸する所の極《きわ》みを知れり、遂に俗を棄てて出家す、〉「淨名經」、『維摩經』の別名。

この文には、『老子』・『莊子』に疑問をいだいた僧肇が、『維摩經』を讀んで感動し、出家を決意する過程がよく書かれている。この記事により、僧肇が、羅什に入門するより以前に、『老子注』を作成したことが分かる。

史料

1. 傳趙學士『道德眞經集解』(『正統道藏』罔字號)
2. 吉藏『三論玄義』(『大正新脩大藏經』第45卷)

補論15　宋の求書と高麗の對應

宋（960年～1279年）と土地續きの高麗（918年～1392年）とは、政治・文化において、密接な關係にあった。

宋王朝はその書庫を充實するために、書を國内だけでなく、高麗に求めた。それは宋と高麗の交流の初期から行われていただろうが、それに關する記録は殘っていない。宋が書を高麗に求めた記録は神宗の時代から急速に増加する。

1. 宋・神宗（在位、1068年～1085年）の時代

『邵氏聞見後録』巻第9に曰わく。

神宗惡後漢書范曄姓名、欲更修之、求東觀漢記、久之不得、後高麗以其本、附醫官某人來上、神宗已厭代矣、[1]＜神宗、『後漢書』の范曄の姓名を惡《にく》み、更に之《こ》れを修めんと欲し、『東觀漢記』を求む、之《こ》れを久しくして得ず、後、高麗其の本を以って、醫官某人の來たるに附して上《たてまつ》る、神宗、已に代を厭《さ》る、＞

この記事によれば、北宋神宗は、『後漢書』改修の目的をもって、『東觀漢記』を高麗に求めた。

2. 宋・哲宗（在位、1086年～1100年）の時代

哲宗は多數の書を高麗に求めた。『高麗史』世家巻第10「宣宗」の條に曰わく。

〔辛未八年六月〕丙午、李資義等、還自宋奏云、帝、聞我國書籍多好本、命館伴書、所求書目録、授之、乃曰、雖有巻第不足者、亦須傳寫附來、百篇尚書、荀爽周易十巻、・・・東觀漢記一百二十七巻、・・・羊祜老子二巻、羅什老子二巻、鍾會老子二巻、・・・集林二十巻、計然子十五巻、[2]＜辛未八年六月丙午、李資義等、宋より還り、奏して云わく、帝、我が國の書籍に好本多しと聞き、館の伴書に命じ、求むる所の書の目録、之《こ》れを授く、乃ち曰わく、巻第に足らざる者ありと雖ども、亦《ま》た須《すべか》らく傳寫して附來すべし、百篇尚書、荀爽周易十巻、・・・東觀漢記一百二十七巻、・・・羊祜老子二巻、羅什老子二巻、鍾會老子二巻、・・・集林二十巻、計然子十五巻、＞「辛未八年」、高麗宣宗八年（1091年）。「丙午」、おそらく16日。「帝」、哲宗。「我國」、高麗。「好本」、善本。「伴書」、司書か。「巻第」、書巻の順序。

この記事によれば、高麗宣宗八年、李義資等は宋より歸國し、哲宗が高麗に書を求め、その目録を授けた、と上奏する。その目録には「百篇尚書」に始まり、「計然子」に終わる127種の書が著録されている。羊祜・羅什・鍾會の『老子注』の名も記されている。

高麗は127種のうち何種かを宋に送っただろうが、それを特定する史料はない。

3. 徽宗（在位、1101年～1125年）の時代

『増補文獻備考』所引の、北宋・張端義『貴耳集』に曰わく。

宣和間、有奉使高麗者、其國異書甚富、自先秦以後、晉唐隋梁之書、皆有之、不知幾千家幾千集、[3]＜宣和の間、使いを高麗に奉ずる者有り、其の國は異書甚だ富み、先秦より以後、晉・唐・隋・梁の書、皆之《こ》れ有り、幾千家・幾千集なるを知らず、＞「宣和」、徽宗の時代の年號（1119年～1125年）。「異書」、珍しい書。

上の記事によれば、徽宗・宣和年間、宋から高麗に行った使者は、高麗にシナの書の多いことを知ったのである。しかし、徽宗の時代、宋は金との抗争にあけくれ、最後に

徽宗は金に捕らえられ、殺される。徽宗の時代、宋は高麗に書を求める豫裕はきわめてすくなく、宋が高麗に書を求めることは、皆無とは言わないまでも、それに近かったと考えられる。

史料

1.元・脱脱等『宋史』

2.北宋・邵博『邵氏聞見後録』

3.李氏朝鮮・鄭麟趾等『高麗史』

4.韓・朴容大等『 増補文献備考』

この書は、李太王（在位、1864年～1906年）が、隆熙2年（1908年）、朴容大に命じ出版させた書である。この書の「藝文考」には、朝鮮の文化遺産に關する貴重な記事がすくなくない。

補論16. 杜光庭『道德眞經廣聖義』(以下、『廣聖義』と呼ぶ。)における矛盾

杜光庭『廣聖義』は、唐・玄宗天復元年(901年)に成立した。この書は、多くの『老子書』の注疏をとりあげており、『老子書』の注疏研究にきわめて有益である。しかしこの書には、さまざまな問題があり、そのとり扱いには、細心の注意が必要である。

『廣聖義』には、杜光庭の矛盾した主張に関する記事が多い。

『廣聖義』序には、老子『節解上下』(杜光庭は、この書を『老子書』に對する老子の自注とする。)に始まり、唐・玄宗『道德上下』に終わる61人の注疏を記載し、玄宗の注疏を最もすぐれた注疏として、次の如く記す。

「玄宗皇帝所注道德上下二卷、講疏六卷、・・・傳於太上、冠九流而首出、」[1]<玄宗皇帝注する所の道德上下二卷、講疏六卷、・・・太上より傳え、九流に冠《すぐ》れ首出す。>「太上」、老子。「九流」、多くの學派。「首出」、ひときわすぐれている。

杜光庭は、『廣聖義』序に玄宗の注疏を最もすぐれた注疏としながら、『廣聖義』釋疏題明道德義には、河上公に始まり劉仁會に終わる[2]、29人の『老子書』の注・疏の所説を記載し、孫登の注を最も高く評価し、「孫登以重玄爲宗、宗旨之中、孫氏爲妙矣、」[3]<孫登は重玄を以って宗と爲《な》す、宗旨の中、孫氏を妙と爲《な》す、>と結論している。「宗」・「宗旨」、根本思想。

『廣聖義』には、上記の如き杜光庭の矛盾した主張に関する記事が多い。それは、おそらく杜光庭の性行に由るであろう。彼は、一面から見れば、大ざっぱである。

廣聖義には、天地万物を生み育てたのは、太上玄元皇帝(太上老君とも、老君とも、老子とも言われる)であり、「太上老君三十六代〔子〕孫」[4]<太上老君三十六代の子孫>に当たる。玄宗は、太上老君に守られ、唐を統治し、唐は繁栄を続けていると記している。

しかし、現実はこの記事に反して、玄宗は内乱により、都をすて、唐はその後いくばくもなく滅亡する。

杜光庭は、唐の滅亡に際しても、恬然としている。彼は、新しい王朝に仕え、新しい地位を得る。彼の大ざっぱな性行は、このことからも知ることができる。

史料

杜光庭『道德眞經廣聖義』(『正統道藏』羔・羊・景・行号)

あとがき

『羅什『老子注』の研究』を書き終えて、現在第一に思うことは、多くの方から恩惠を受けたことである。

私は羅什について何も知らず、研究は羅什を知るための史料を選ぶことから始めねばならなかった。私はその史料を諸先生から教えられた。

斯波六郎先生は、清嚴可均『全上古三代秦漢三國六朝文』の全晉文の項に、羅什の作品が収められていることを教えられた。そこには羅什の文5篇と詩1篇が收められている。いずれも羅什を研究するための有益な史料である。その中の『贈沙門法和頌』は羅什が法和に贈った五言詩である。羅什は漢語を修得しただけでなく、漢語の詩さえ作ったのである。私はその情熱に感動した。

白木豊先生は、中華民國李翹『老子古註』を見ることをすすめられた。この書には「羅什曰」・「鳩摩羅什曰」・「羅什内解曰」として、翹が羅什『老子注』の注文とみなす文が13條、「王及羅什二家云」として、翹が王〔顧〕と羅什の注文と見なす文が1條收められている。これらがすべて羅什の注文であるか否かは檢討しなければならないが、私は一度に羅什『老子注』の可能性の高い注文14條を見て大きな喜びを感じた。

武内義雄先生は、傳南齊顧歡『道德眞經注蹠』・唐杜光庭『道德眞經廣聖義』・明焦竑『老子翼』等に羅什『老子注』の注文が殘存することを教えられた。私はここでも一度に多くの、羅什『老子注』の可能性の高い注文を見て、研究の前途が開ける思いがした。なお先生の『老子』に關する斬新な諸研究は、『老子』を研究する者に大きな影響を與えた。私もまたその學恩にあずかった一人である。

本田義英先生は、羅什を知るのには、羅什が翻譯した多くの經典の中から一つを選び、それを讀むことから始めるのがよい、それによって羅什は身近な存在になるであろうと教えられた。

さらに先生は、將來羅什の譯經と梵語の原典の關係まで研究することになれば、羅什という人間が一層はっきり見えてくるであろうと話された。私はインドとシナの文化の交流に大きな足跡を殘した羅什を理解するのには、漢語と梵語の知識が必要であると深く感じたのである。

私は諸先生から初歩の知識を與えられた。それ以後は、不十分ながら自分の力で研究のための史料を搜すことが可能となった。

私は研究の繼續に多くの圖書館の恩惠を受けた。都内だけでも、尊經閣文庫・宮内廳書陵部・内閣文庫・静嘉堂文庫・無窮會文庫がある。諸文庫については別の機會に記したいと思っている。

私はまた、この書ができあがるまでの、家族とくに妻の物心兩面の協力を感謝し、この書の出版がその勞にむくいることを願っている。

第二に思うことは、研究を始めてから研究の環境が次第にととのってきたことである。出版事情が變わり、これまで入手困難であった基本圖書（『大正新脩大藏經』・『正統道藏』等）を身近に置くことができるようになった。またこれまで多量のエネルギーを使った索引の作成が、機器を使って從来よりはるかに容易にできるようになった。それは諸書の比較が必要な研究分野では特に喜ばしく有難いことであった。私はよく索引を利用した。

研究環境の變化はこの方面にかぎらず多方面に廣がり、學問もまたそれとともに變化するであろう。研究環境が變化する中で、學問の進歩の要因となるものは、研究者の發想の豊かさであろう。

できあがったこの書はやがて私の手をはなれて社會に出る。私はこの書の將來が多幸であることを望みつつ、この書を社會に送り出す。

平成23年3月　　　栂野　茂

引用文の出典一覧（編者作成）

（本表の最左列の数字は、本文中の引用文の肩に付けた番号に対応している）

	書名・著者名	該当箇所	発行年	出版会社	初版	ページ

まえがき

1)	老子翼　卷之一			漸西村舍		35
2)	〃　卷之三			〃		1
3)	〃　卷之三			〃		27
4)	〃　卷之三			〃		37
5)	〃　卷之四			〃		31
6)	〃　卷之六			〃		10

第1章

1)	大正新脩大藏経　第50巻	2059　高僧傳巻第二	昭和35年再刊発行	大正新脩大藏經刊行會	昭和2年発行	330
2)	大正新脩大藏経　第30巻	1564　中論巻第四	〃	〃	〃	33
3)	大正新脩大藏経　第30巻	1564　中論巻第四	〃	〃	〃	33
4)	大正新脩大藏経　第50巻	2059　高僧傳巻第二	〃	〃	〃	331
5)	大正新脩大藏経　第55巻	2145　出三藏記集卷第十四	昭和52年再刊発行	〃	昭和3年発行	101
6)	大正新脩大藏経　第51巻	2068　法華傳記卷第一	昭和48年再刊発行	〃	〃	52
7)	昭和法寶總目録　第1巻 (大正新脩大藏經別巻)	4大正新脩大藏經著譯目録(ク功鳩)	昭和54年再刊発行	〃	昭和4年発行	663

第2章

1)	大正新脩大藏経　第45巻	1852　三論玄義	昭和43年再刊発行	大正新脩大藏經刊行會	昭和2年発行	3
2)	大正新脩大藏経　第45巻	1852　三論玄義	〃	〃	〃	1 2

第3章

1)	舊唐書　六	舊唐書卷四十七　志第二十七 經籍下	1987年 3次印刷	中華書局出版	1975年　第1版	2027
2)	新唐書　五	唐書巻五十九　志第四十九　藝文三	〃	〃	〃	1515
3)	舊唐書　六	舊唐書卷四十六　志第二十六 經籍上	〃	〃	〃	1962
4)	新唐書　五	唐書巻五十七　志第四十七　藝文一	〃	〃	〃	1423
5)	正統道藏　第24册	道德真經廣聖義　序第二	中華民國七十七年再版	新文豐出版		130
6)	正統道藏　第24册	道德真經廣聖義　巻一第一	〃	〃		132
7)	正統道藏　第24册	道德真經廣聖義　巻五第十二	〃	〃		179

第4章

1)	正統道藏　第22册	道德真經注疏　巻一第七	中華民國七十七年再版	新文豐出版		194
2)	正統道藏　第22册	道德真經注疏　巻二第一	〃	〃		204
3)	正統道藏　第22册	道德真經注疏　巻四第一	〃	〃		245

第４章

	書名・著者名	該当箇所	発行年	出版会社	初版	ページ
4)	正統道藏　第22册	道德真經注疏　　巻五第二十四	中華民國七十七年再版	新文豐出版		271
5)	正統道藏　第22册	道德真經注疏　巻六第二十三	〃	〃		288
6)	正統道藏　第23册	道德真經取善集　巻四第十三	〃	〃		339
7)	正統道藏　第23册	道德真經取善集　巻五第三	〃	〃		346
8)	正統道藏　第23册	道德真經取善集　巻七第二十二、二十三	〃	〃		381
9)	正統道藏　第23册	道德真經取善集　巻八第四	〃	〃		385
10)	正統道藏　第23册	道德真經取善集　巻八第十二	〃	〃		389
11)	正統道藏　第23册	道德真經取善集　巻八第二十二	〃	〃		394
12)	正統道藏　第23册	道德真經取善集　巻十第十五	〃	〃		416
13)	正統道藏　第23册	道德真經取善集　巻十一第二	〃	〃		423
14)	正統道藏　第23册	道德真經取善集　巻十一第二十一	〃	〃		432
15)	正統道藏　第23册	道德真經取善集　巻十二第七	〃	〃		439
16)	正統道藏　第21册	道德真經集解　巻一第十九	〃	〃		128
17)	正統道藏　第21册	道德真經集解　巻二第十八	〃	〃		147
18)	老子翼　　　巻之一			漸西村舎		35
19)	〃　　　巻之三			〃		1
20)	〃　　　巻之三			〃		27
21)	〃　　　巻之三			〃		37
22)	〃　　　巻之四			〃		31
23)	〃　　　巻之六			〃		10
24)	老子經通考/河上公章句 陳元贇（通解）	老子経通考序		富倉太兵衛　板行	寶永2年（1705）	

第５章

1)	正統道藏　第20册	道德真經註　巻三第十	中華民國七十七年再版	新文豐出版		143
2)	正統道藏　第23册	道德真經取善集　巻八第四	〃	〃		385
3)	大正新脩大藏経　第9巻	262　妙法蓮華経巻第六	昭和35年再刊発行	大正新脩大藏經刊行會	大正14年発行	52
4)	大正新脩大藏経　第9巻	262　妙法蓮華経巻第七	〃	〃	〃	57
5)	正統道藏　第20册	道德真經註　巻三第八	中華民國七十七年再版	新文豐出版		142
6)	大正新脩大藏経　第25巻	1059　大智度論巻十四	昭和36年再刊発行	大正新脩大藏經刊行會	大正15年発行	166
7)	正統道藏　第20册	道德真經註　巻一第二	中華民國七十七年再版	新文豐出版		124
8)	正統道藏　第20册	道德真經註　巻一第九	〃	〃		127
9)	正統道藏　第20册	道德真經註　巻一第十二	〃	〃		129
10)	正統道藏　第20册	道德真經註　巻一第十三	〃	〃		129

	書名・著者名	該当箇所	発行年	出版会社	初版	ページ

第５章

11)	正統道藏　第20册	道德真經註　卷四第十一	中華民國七十七年再版	新文豐出版		154
12)	正統道藏　第23册	道德真經取善集　卷五第三	〃	〃		346
13)	正統道藏　第20册	道德真經註　卷四第五	〃	〃		151
14)	正統道藏　第23册	道德真經取善集　卷七第二十二	〃	〃		381
15)	正統道藏　第20册	道德真經註　卷二第十	〃	〃		135
16)	大正新脩大藏経　第9巻	263　正法華經卷第三	昭和35年再刊発行	大正新脩大藏經刊行會	大正14年発行	85
17)	正統道藏　第20册	道德真經註　卷一第九	中華民國七十七年再版	新文豐出版		127
18)	大正新脩大藏経　第9巻	263　正法華經卷第三	昭和35年再刊発行	大正新脩大藏經刊行會	大正14年発行	85
19)	正統道藏　第20册	道德真經註　卷一第十二	中華民國七十七年再版	新文豐出版		129

補論３

1)	大正新脩大藏経　第25巻	1509　大智度論卷第一	昭和36年再刊発行	大正新脩大藏經刊行會	大正15年発行	57
2)	出三藏記集序卷訳注 中嶋隆藏編	出三藏記集序卷第八　　維摩詰経序第十二		平樂寺書店	1997年発行	138
3)	出三藏記集序卷訳注 中嶋隆藏編	出三藏記集序卷第十一　　百論序第三		平樂寺書店	〃	317

補論４

1)	大正新脩大藏経　第55巻	2145　出三藏記集卷第十四	昭和52年再刊発行	大正新脩大藏經刊行會	昭和3年発行	101
2)	大正新脩大藏経　第50巻	2059　高僧傳卷第六	昭和35年再刊発行	〃	昭和2年発行	359

補論５

1)	大正新脩大藏経　第55巻	2145　出三藏記集卷第十三	昭和52年再刊発行	大正新脩大藏經刊行會	昭和3年発行	98
2)	大正新脩大藏経　第3巻	186　普曜經卷第七	昭和39年再刊発行	〃	大正13年発行	527
3)	新訂中国古典選　第１巻 易　　本田済	繫辞上	昭和41年12月第3刷	朝日新聞社	昭和41年2月第1刷	508
4)	正統道藏　第19册	道德真經　卷上第四	中華民國七十七年再版	新文豐出版		213
5)	正統道藏　第20册	道德真經註 卷一第五	〃	〃		125
6)	正統道藏　第20册	道德真經註　卷二第十	〃	〃		135
7)	正統道藏　第20册	道德真經註　卷二第十四	〃	〃		137
8)	正統道藏　第20册	道德真經註　卷四第九	〃	〃		153
9)	新訂中国古典選 第6巻 老子　福永光司	下篇　第七十八章		朝日新聞社	昭和43年第一刷	388
10)	新訂中国古典選　第１巻 易　　本田済	周易下經	昭和41年12月第3刷	〃	昭和41年2月第1刷	437
11)	新訂中国古典選　第１巻 易　　本田済	繫辞上	〃	〃	〃	517
12)	大正新脩大藏経　第55巻	2145　出三藏記集卷第十三	昭和52年再刊発行	大正新脩大藏經刊行會	昭和3年発行	97

	書名・著者名	該当箇所	発行年	出版会社	初版	ページ

補論６

1)	大正新脩大藏経　第38巻	1775　注維摩詰經巻第一	昭和50年再刊発行	大正新脩大藏經刊行會	大正15年発行	333
2)	新訂中国古典選　第１巻 易　本田済	繋辭上	昭和41年12月第3刷	朝日新聞社	昭和41年2月第１刷	482
3)	大正新脩大藏経　第38巻	1775　注維摩詰經巻第五	昭和50年再刊発行	大正新脩大藏經刊行會	大正15年発行	375
4)	新訂中国古典選　第１巻 易　本田済	繋辭下	昭和41年12月第3刷	朝日新聞社	昭和41年2月第1刷	539
5)	大正新脩大藏経　第45巻	1856　大乗大義章巻下	昭和43年再刊発行	大正新脩大藏經刊行會	昭和2年発行	137
6)	大正新脩大藏経　第45巻	1856　大乗大義章巻中	〃	〃	〃	132
7)	大正新脩大藏経　第38巻	1775　注維摩詰經巻第五	昭和50年再刊発行	〃	大正15年発行	374 375
8)	新訂中国古典選　第１巻 易　本田済	説掛	昭和41年12月第3刷	朝日新聞社	昭和41年2月第１刷	564
9)	大正新脩大藏経　第38巻	1775　注維摩詰經巻第八	昭和50年再刊発行	大正新脩大藏經刊行會	大正15年発行	396
10)	新訂中国古典選　第１巻 易　本田済	繋辭下	昭和41年12月第3刷	朝日新聞社	昭和41年2月第１刷	536

補論７

1)	正統道藏第23册	道德真經取善集　巻十二第七	中華民國七十七年再版	新文豐出版		439
2)	新釈漢文大系　第26巻 書経(下) 小野沢精一	大禹謨	平成17年16版	明治書院	昭和60年初版	371
3)	新釈漢文大系　第26巻 書経(下) 小野沢精一	大禹謨	〃	明治書院	〃	377

補論８

1)	大正新脩大藏経　第9巻	262　妙法蓮華經巻第三	昭和35年再刊発行	大正新脩大藏經刊行會	大正14年発行	20 21
2)	新釈漢文大系　第112巻 詩經(下)　石川忠久	大雅　文王之什		明治書院	平成12年初版	93 94
3)	大正新脩大藏経　第9巻	262　妙法蓮華經巻第三	昭和35年再刊発行	大正新脩大藏經刊行會	大正14年発行	23
4)	大正新脩大藏経　第9巻	262　妙法蓮華經巻第四	〃	〃	〃	35
5)	大正新脩大藏経　第9巻	262　妙法蓮華經巻第五	〃	〃	〃	44
6)	新釈漢文大系　第112巻 詩經(下)　石川忠久	周頌　清廟之什		明治書院	平成12年初版	312
7)	新釈漢文大系　第112巻 詩經(下)　石川忠久	周頌　臣工之什		〃	〃	348

補論９

1)	大正新脩大藏経　第38巻	1775　注維摩詰經巻第九	昭和50年再刊発行	大正新脩大藏經刊行會	大正15年発行	408
2)	新訂中国古典選　第3巻 論語下　吉川幸次郎	子路第十三	昭和46年第11刷	朝日新聞社	昭和41年第1刷	132
3)	大正新脩大藏経　第38巻	1775　注維摩詰經巻第九	昭和50年再刊発行	大正新脩大藏經刊行會	大正15年発行	408
4)	新訂中国古典選 第2巻 論語上　吉川幸次郎	述而第七	昭和46年第13刷	朝日新聞社	昭和40年第1刷	189
5)	大正新脩大藏経　第14巻	475　維摩詰所説經巻下	昭和46年再刊発行	大正新脩大藏經刊行會	大正14年発行	554
6)	大正新脩大藏経　第38巻	1775　注維摩詰經巻第九	昭和50年再刊発行	〃	大正15年発行	408

	書名・著者名	該当箇所	発行年	出版会社	初版	ページ

補論10

1)	大正新脩大藏経　第45巻	1852　三論玄義	昭和43年再刊発行	大正新脩大藏經刊行會	昭和2年発行	2

補論11

1)	大正新脩大藏経　第52巻	2103　廣弘明集巻第二十三	昭和36年再刊発行	大正新脩大藏經刊行會	昭和2年発行	264 265

補論12

1)	大正新脩大藏経　第50巻	2059　高僧傳巻第四	昭和35年再刊発行	大正新脩大藏經刊行會	昭和2年発行	347

補論13

1)	新訂中国古典選 第6巻 老子　福永光司	下篇　第四十章		朝日新聞社	昭和43年第１刷	233
2)	新訂中国古典選 第6巻 老子　福永光司	下篇　第五十七章		〃	〃	310
3)	新訂中国古典選 第6巻 老子　福永光司	上篇　第二章		〃	〃	15
4)	新訂中国古典選 第6巻 老子　福永光司	上篇　第十一章		〃	〃	61
5)	正統道藏　第21册	道德真經集解　巻一第十九	中華民國七十七年再版	新文豐出版		128
6)	大正新脩大藏経　第9巻	262　妙法蓮華経巻第５	昭和35年再刊発行	大正新脩大藏經刊行會	大正14年発行	37

補論14

1)	正統道藏　第21册	道德真經集解　巻一第四	中華民國七十七年再版	新文豐出版		121
2)	正統道藏　第21册	道德真經集解　巻一第二十一	〃	〃		129
3)	正統道藏　第21册	道德真經集解　巻一第三十五	〃	〃		136
4)	正統道藏　第21册	道德真經集解　巻二第五	〃	〃		140
5)	正統道藏　第21册	道德真經集解　巻三第二十	〃	〃		161
6)	大正新脩大藏経　第45巻	1852　三論玄義	昭和43年再刊発行	大正新脩大藏經刊行會	昭和2年発行	1 2

補論15

1)	唐宋資料筆記叢刊　邵氏聞見後録	巻第九	1997年第2次印刷	中華書局出版	1983年第1版	70
2)	高麗史　第一 國書刊行会編	巻十	昭和52年発行	国書刊行会	明治41年原本発行	150 151
3)	増補　文獻備考　下 古典刊行會	巻二百四十二　藝文考一		東國文化社	檀紀4290年	839

補論16

1)	正統道藏　第24册	道德真經廣聖義　序第四、五	中華民國七十七年再版	新文豐出版		131
2)	正統道藏　第24册	道德真經廣聖義　巻五第十二、十三	〃	〃		179
3)	正統道藏　第24册	道德真經廣聖義　巻五第十三	〃	〃		179
4)	正統道藏　第２４册	道德真經廣聖義　巻一第十	〃	〃		136

付録（関連論文等）

目次

広島大学　支那学研究第三十三号抜刷（昭和四十三年一月）

近世における老子口義

近世における老子口義

中国の古典に關する学問はすべてそうであろうが、老子書に関する学問も中世と近世とで明かに相違する。相違の一つはそれを読むための注の相違である。中世では河上公・老子章句が主として用いられ、近世に入ると林希逸・老子口義がそれに代るのである。

本稿では、老子口義が主として用いられた期間は何時であるか、老子口義がそのように用いられた原因は何であるか、この二つについて記述したいと思う。

1

林希逸（鬳斎）[(1)]は紹熙五年（一一九四年）福清に生れた。陳藻について学び、端平二年（一二三五年）進士に及第し、はじめ平海軍節度推官となり、中書舍人で終った。歿年は不明である。

希逸には老子口義・列子口義・荘子口義の著がある。後人はこれらを老子鬳斎口義・列子鬳斎口義・荘子鬳斎口義などとよび、また合して三子口義などとよんでいる。これらは大凡、宝祐景定間（一二五三年－一二六五年）に成立したと考えられる。この間は日本のほぼ建長弘長間に相当する。

三子口義が何時日本に伝来されたか、それは今不明である。しかしそれは中国の僧あるいは中国に留学した日本の僧によって伝来されたであろう。

このうち、最も早く用いられたのは荘子口義である。従来、荘子書には主として郭象・荘子注が用いられていたが、得巖が荘子口義を紹介して以来、その学風が変るのである。

得巖（惟肖）[(2)]は延文五年（一三六〇年）に生れた。若くして出家、五山の一つである南禅寺の少林院に入り、得芳の法を嗣いだ。諸寺に住し、最後に南禅寺の少林院に帰った。永亨九年（一四三七年）に歿した。

得巖は仏書の外に博く中国の書籍を学んだが、荘子書は明魏について学んでいる。明魏の講義には郭象・荘子注が用いられた。その後得巖は荘子口義を得、郭象・荘子注をすて、それによって荘子書を講じ、またそれに注して荘子鬳斎口義鈔を著した。五山ではこうして荘子口義が広く知られ、郭象・荘子注に代ったのである。得巖の歿後、この学風は五山にひきつがれたのみならず、他のところにも影響した。

中世の末頃五山の一僧が著したと考えられる荘子に、次のように言っている。

此書ハ希逸註ニテハモトヨム人希也。惟肖講之後雲頂一華ヨメリ。其ヲ継テ萬里ナトモヨメリ。

また人見壹・荘子鬳斎口義桟航によせた寛文一年（一六六一年）の林恕の序に、次のように言っている。

龍皐僧得巖就明魏問郭註。既而得希逸口義估畢之。自是以降郭註廢而口義行矣。

このように得巖以来、五山を中心に荘子書には荘子口義が主として用いられていた。

しかし老子書には、近世に入ってもなお従来どうり、河上公・老子章句が主として用いられていた。

林道春・老子鬳斎口義に附した元和四年（一六一八年）の自跋に、次のように言っている。

近代南禅寺沙門岩惟肖嘗聞荘子于耕雲老人明魏。而后惟肖始読荘子希逸口義。尓来比々皆然。雖然未及老子希逸口義。至於今人皆依河上。

道春・老子鬳斎口義は、寛永正保間（一六二四年―一六四七年）に改訂増補されたが、この自跋は、日附だけおとしてふたたび載せられている。この当時もなお老子章句が主として用いられていたのであろう。

しかし近世に入ってからは老子口義は次第に関心をもたれるようになり、慶長元和間（一五九六年―一六二四年）には当時流行の活字版で刊行されているし、ついで寛永間（一六二四年―一六四四年）には訓点が附され刊行されているのである。勿論その他にも関心をもたれた老子注はあったが、老子口義に及ばなかった。

こうした経過を経て、老子口義は老子章句に代ることになる。このことを明確に述べている最初の文献は、おそらく陳玧・老子経通考に附した寛文一〇年（一六七〇年）の自序であろう。老子口義は少なくともこの時までに老子章句に代って中心的な地位を得ていたと考えられる。

玧の自序に次のように言っている。

道徳之遺教凡五千余言。明乾坤之微妙不少錙銖兮。尽万境之事為大毫端。是故註家雖幾于百猶不証実理矣。旧有河上公之章句。公是老子也。闍河公章句而用希逸口義。是則非庸士理学之昏昧乎。

その後老子章句はその地位を恢復することはなかった。ひとり老子口義は人々に重んじられ、これと並立する老子注はなかった。

山本泰順・老子経諺解大成に附した延寳三年（一六七五年）の自序に、次のように言っている。

古今註者幾六十余家。可謂盛也。本朝古来唯用河上公不知其余。近世鬳斎口義行乎世。学者専宗之。而又不知有河上公。凡天地之間不可無此書。又不可不読此書。而書之難読亦未有如此書者。口義比之諸家頗為優也。

このような学風は、近藤政舜が老子答問書を著した元文五年（一七四〇年）にもなお支配的である。

老子答問書に次のように言っている。

老子の注韓非子が解老喩老より厳君平の指揮河上公の章句王弼が注周弘政が疏張機が老子義玄宗の御注陸希聲が注蘇子由が解林希逸が口義無垢子の注老荘翼老荘翼注陶周望が解林兆恩が注邵弁が老荘彙詮憨山の注蘐山の注其外も多く候へどもあらまし如此候（中略）いかがしたる事にや此方にては鬳斎の口義盛に行れ候。荘列も同事にて候。夫故此方の老子者と聞へ候ものは多くは希逸流にて昆侖に棗を呑など申やうに虚無自然是老子の道なりと丸呑に合点して虚無とはいか成ること自然とはなにを以て名けたるぞと推尋る輩まれにも無之候。河上翁流の老子者是亦稀に候。

その後はどうであろうか。その後の老子注、老子論説の中に、そのことに言及する記事はない。その他の諸書にはどうであろうか、そのことに言及する記事があるであろうか、私はまだそれを見ない。

おそらくそれ以後、比較的早い時期に老子口義はその中心的な地位を失ったのでなかろうか。

之を要するに、老子口義は近世に入ると　次第に関心をもたれ、少くとも寛文一〇年（一六七〇年）から元文五年（一七四〇年）までの約七〇年間は、諸注の中で中心的な地位を占め、最も重んじられていたのである。

以上老子口義の地位に言及した記録を中心にその地位を考えたが、さらに書籍目録によってそれを考えたいと思う。

近世になると書籍の刊行が年とともに盛になり、書籍目録が必要となった。書籍目録はその必要に応じて刊行された。それは書林で売買されている書籍の目録である。

刊行年代の明記されている書籍目録の中で現存する最も古いものは、寛文一〇年(一六七〇年)西村又右衛門・西村又左衛門によって刊行された増補書籍目録(3)である。

この書籍目録に著録されている老子注は次のとうりである。

1林希逸・老子口義

この書の一本が老子経の書名で著録されている。

2何道全・太上老子道徳経

この書の一本が、老子経無垢子註の書名で著録されている。

3釈徳清・老子道徳経解

この書の一本が、老子経義解の書名で著録されている。また一本が、老子道徳経の書名で著録されている。

4焦竑・老子翼

焦竑には老子翼のほかに荘子翼の著がある。この書籍目録には合刻された老子翼・荘子翼の一本が、老荘翼註の書名で著録されている。

5林道春・老子鬳斎口義

この書は道春が老子口義に訓点を附し、頭書を加えたものである。この書の一本が、老子経頭書の書名で著録されている。

6三家元琠・老子道徳經会元

この書の一本が、老子経会元の書名で著録されている。なお李道純に道徳会元の著があるが、この書はそれと関係はない。

7如一・老子鬳斎口義

この書は如一(即非)が老子口義を校定し、句点と評点とを附したものである。この書の一本が、即非老子经の書名で著録されている。

8無名氏・老子經鈔

右の書名で著録されている書がある。同名の書が、別の書籍目録には林道春の著として著録されている。この書籍目録に著録されている書はそれと同じ書であろう。ただし道春にそのような著があるか、今不明である。

9無名氏・老子経無垢子抄

右の書名で著録されている書がある。この書は何道全・太上老子道徳経に注した書であろう

これらの老子注は当時書林で売買されていた書である。老子口義は訓点・頭書などのあるものを合すると、三本で最も多く、それに対して老子章句は一本も著録されていない。

つぎに正徳五年(一七一五年)丸屋源兵衛によって刊行された増益書籍目録大全を検討しよう。この書籍目録に著録されている老子注は次のとうりである。

1河上公・老子章句

この書の一本が、老子経河上公註の書名で著録されている。

2林希逸・老子口義

この書の一本が、老子経口義の書名で著録されている。

3何道全・太上老子道徳経

この書の一本が、老子経無垢子註の書名で著録されている。

4釈徳清・老子道徳経解

この書の一本が、老子経義解の書名で著録されている。

5焦竑・老子翼

合刻された老子翼・荘子翼の一本が、老荘翼註の書名で著録されている。

6林道春・老子經鈔

右の書名で道春の著として著録されている書がある。前述のように果して道春にこの著があったか、今不明である。

7三家元琠・老子道徳経会元

この書の一本が、老子経会元の書名で著録されている。

8如一・老子鬳斎口義

この書の一本が、即非老子経の書名で著録されている。なおこの一本はこの書籍目録では誤って老子経即非註の書名で重ねて著録されている。

9 徳倉昌堅・老子鬳斎口義

この書は昌堅が老子口義に訓点を附し、また頭書を加えたものである。この書には新旧二書があって、新しい書は旧い書を改訂したものである。この書籍目録には新しい書の一本が、老子経増補首書の書名で著録されている。

10 毛利瑚珀・老子経直註

この書は、瑚珀が徳巽・老子解に訓點を附したものであろう。この書の一本が、右の書名で著録されている。

11 榊原玄輔・老子経諺解大成

この書の一本が、右の書名で著録されている。

12 無名氏・老子経詳義

右の書名で著録されている書がある。

これらの老子注も当時売買されていたものである。老子口義は訓点・頭書などのあるものを合すると、三本で最も多い。老子章句は一本だけ著録されている。

これら二種の書籍目録の外に、その中間に多くの書籍目録が刊行されている。現存するものを見るに、そのいずれにおいても、老子口義は訓点・頭書などのあるものを合すると、三本あるいは四本著録されていて、最も多い。このことは少くともこれらの書籍目録の刊行された寛文一〇年（一六七〇年）から正徳五年（一七一五年）までの約四五年間、老子口義は最も需要の多い老子注であったことを示すものであろう。言うまでもなくこれらの書籍目録に著録されていない老子注もあろう。しかしこれらの書籍目録から当時の人々の学風を大凡理解することができるであろう。

私はさきに老子口義の地位に言及した記録から、老子口義は少くとも寛文一〇年（一六七〇年）から元文五年（一七四〇年）まで、主として用いられ、これと並立する老子注はなかったと考えたが、その前半以上に当る寛文一〇年（一六七〇年）から正徳五年（一七一五年）までは、現存する書籍目録からも、そのことを知るのである。

なおその後はこれらの書籍目録と同種の書籍目録は刊行されなかったようで、その現存するものはない。もしそれが刊行され現存しているなら、それによってその後のことを知り得たであろう。

2

老子口義がこのように用いられたのは何によるのであろうか。一つには当時学問に影響力のあった人々がそれを紹介したことによるであろう。その人々の中で、日本人では林道春が、中国人では如一がそのことに最も貢献したであろう。私はこの二人がいかに老子口義を紹介したか検討したいと思う。

林道春（羅山）[4]は天正一一年（一五八三年）京都に生れた。少年の頃五山の一つである建仁寺の大統庵に入り、慈稽のもとで学んだが、その後そこを出てほとんど独学した。徳川家康・秀忠・家光・家綱の四代、とくに家康・家光に仕えて、彼等のために書籍を講じ、各種の文書を作成し、また稀に政策の決定に参加した。明暦三年（一六五七年）江戸に歿した。

道春が老子書を読んだのは、建仁寺を出て自分自身で学問の道をきり開きつつあった時であろう。

道春は文祿四年（一五九五年）から慶長二年（一五九七年）まで、建仁寺で中国の書籍を学んだ。当時五山は禅僧が修業する場であると同時に、一般の人々が中国の書籍を学ぶ場でもあったのである。道春がここで主として学んだものは唐宋の詩文であったが、その外に学んだものに荘子書がある。五山では得巌以来荘子書には荘子口義を用いる学風が支配的であった。道春が建仁寺の大統庵にいた当時、大統庵に隣接する十如院の僧永雄は荘子書を講じ、道春はそれを聞いている。道春にとってははじめて聞く荘子書の講義であったであろう。永雄はこの講義に荘子口義を用いている。道春はこの講義に興味を感じたらしく、途中で中止されたことを残念がっている。道春は建仁寺にいる間、不十分ながらこのようにして荘子書を学んだが、老子書を学

ぶことはなかったようである。道春が建仁寺にいた当時のことに関しては、かなり多くの記録が残っているが、彼がそこで老子書を学んだという記録はない。道春が建仁寺にいたのはあしかけ三年にすぎず、そこでは四書五経さえ学んでいないのである。おそらくそこでは老子書を学ぶ機会はなかったであろう。道春は建仁寺を出て家に帰ってから、多くの書とともに、老子書も学んだようである。

当時老子口義は次第に関心をもたれてきていたが、老子章句がなお主として用いられていたし、その他の老子注もあった。道春はそれらの中から老子口義をえらび、それによって老子書を学んだのである。

道春は荘子諸注の中では、荘子口義を最も高く評価していた。慶長七年（一六〇二年）道春から祖博に送った書翰に、次のように言っている。

余思注疏雖古而未若口義之為明快也。況古人論郭象之霧露乎。

道春は荘子書には常に荘子口義を用い、注中に引用されている語句の出典を注記し、それが百数十条に及んだほどである。

さきに引用した林恕の序に、また次のように言っている。

我先人羅山翁講経之暇繙南華口義粗記其出処於鼇頭。百数十件未畢而罷矣。

このように荘子口義を高く評価し、常にそれを用いた道春は、さらに老子書を老子口義によって学び、それを最もすぐれた注と考えるに至ったようである。このような道を歩んだのはひとり道春だけではなかったのであろうが。

道春は、荘子口義と同じく、常に老子口義を用いたであろうが、元和四年（一六一八年）一部の書[5]を完成したのである。

この書は巻頭に、老子鬳斎口義上(下)鬳斎林希逸と題されている。老子口義に句点・訓点を附し、僅かであるが頭書を加えたものである。また自跋があり、老子口義が老子注の中で最もすぐれた注であると述べている。この書は遂に刊行されず、筐底に蔵されたままであった。

後日道春はこの書を改訂増補した。新しい書は寛永正保間（正保五年は除く、一六二四年―一六四七年）に成立したと考えられる。

この書は元和四年（一六一八年）の書と同じく、巻頭に、老子鬳斎口義上（下）鬳斎林希逸と題されている。この書は老子口義の別の一本を底本にして本文を定め、句点をのぞき、訓点の一部を改め、頭書を増加したものである。またこの書には元和四年（一六一八年）の書の自跋を日附だけおとして載せている。

道春はこの書を作るのに種々の点で苦心したと考えられるが、とくに頭書についてそうであろう。

頭書に引用した老子注は、韓非子・厳遵・王弼・羅什・李約・王雱・呂恵卿・蘇轍・陸佃・呂知常・董思靖・李栄・呉幼清・薛蕙・朱得之・王道・焦竑・林兆恩・陳深の老子注である。その外に、諸種の思想書・文学書・史書・辞書を引用し、さらにその間に道春自身の注を挿入している。頭書の中には、老子書の思想を説明するものと、希逸註に引用する語句の出典を示すものが多い。

頭書には安易に孫引きしたものもあろう。しかし老子口義に頭書を加えることは、道春がはじめてこころみたことである。

この書はやはり、道春の労作の一つにかぞえることができよう。

この書は正保四年（一六四七年）京都の書林林甚右衛門によって刊行された。

道春はその師友である藤原粛が歿したあと、学界に長老的地位をきずき、長くそれを維持した。道春はよく政治権力に妥協したので、中江原のようにそれを非難する学者もあったが、彼はその地位を失うことはなかつた。道春はこうした地位にあったので、その著書は自然人々に重んじられた。道春のこの書は、老子口義を老子章句などの諸注よりも重んずる学風を盛にすることに寄与したであろう。

なお道春には老子諺解の著がある。これは正保二年（一六四五年）家光の命に従って、老子書を和文で解したものである。この書の解釈は老子口義によっていて、ここにも道春の老子口義に対する評価の高さがうかがえる。この書の自跋に次のように言っている。

正保二年三月五日老子全部以倭字抄解之畢。始于去月二十五日至此終其章。依鈞命也。薹演希逸口義云。

この書はおそらく同じ年に、家光に献上されたであろう。この書が書林によって刊行されたか否かは今不明であるが、もし刊行されているとすれば、老子鬳斎口義と並んで、新しい学風を盛にするのに大きな役割を果したであろう。

如一（即非）(6)は萬暦四四年（一六一六年）福清に生れた。萬暦四四年は日本の元和二年にあたる。希逸の子孫である。出家以前、母方のおじから学問をうけた。十八歳で出家し隆琦のもとで印可をうけた。萬治一年（一六五八年）さきに日本に渡来した隆琦の要請で渡来し、その教化を助けた。寛文一一年（一六七一年）長崎で歿した。

如一が老子書を学んだのは出家以前である。如一はおじからはじめ孝経・論語などを学び、ついで老子書を荘子書とともに学んでいる。老子書には老子口義を用いた。

希逸の子孫である如一は言うまでもないが、おじもまた老子口義には特別の親しみをもっていたであろう。老子口義には二人とも、その親しみから近づいたであろう。そして如一はさらにそれが老子書の理解のために不可欠のものと考えたようである。

出家以後如一は孝経・論語などからも遠ざかったであろうが、老子書からも遠ざかったのである。従って老子口義を常に用いこれに注するというようなことはなかったが、老子書の理解のために老子口義が必要であるという考えは常にもっていたようで、日本で布教している間に、老子口義を校定し、句点と評点を附して刊行したのである。

如一は日本に渡来して以来多くの知己を得たが、中でも小倉藩主小笠原忠真はその代表的な一人である。如一は長崎からはじめて隆琦のもとに行く途中忠真の領地を通ったが、忠真は厚く遇している。後如一は帰国のため隆琦のもとを辞して長崎に行く途中、ふたたびその領地を通ったが、忠真は使者を遣して彼をむかえた。忠真は如一をできるだけ長く身近いところに留めたかったようである。如一は翌年彼のために創建された福聚寺に移るまで、忠真の金粟園に滞在した。如一が金粟園に滞在したのは寛文四年（一六六四年）から同五年（一六六五年）までであり、福聚寺に住したのは寛文五年（一六六五年）から同八年（一六六八年）までである。

如一は金粟園で思いがけず老子口義を得、それを読むことができて非常に喜んだが、同時にその本文に、誤り・脱落・増入のあることを惜んだ。如一は布教の間に一書を作った。その書は早ければ如一が金粟園に滞在していた間に成立し、遅くとも福聚寺に住していた間に成立したと考えられる。

この書は巻頭に、老子鬳斎口義上（下）閩福清竹溪居士林希逸肅翁遠孫沙門如一即非校刻と題されている。老子口義を校定し、句点と評点を附したものである。また如一の序があり、この書によって希逸の考えが理解され、さらに老子書が理解されることを期待している。

この書で如一が特に努力したのは校定であろう。底本は如一が金粟園で得た一本であろう。校本は彼が渡来のとき携帯した一本で、彼の家に伝えられた旧本である。

如一のこの書の序に次のように言っている。

不意於甲辰秋飛錫豊州寓源太守之金粟園重覩是書。不勝欣慰。但歳月久遠版経幾刷字至亥豕脱誤。且中間入一二語。不知何人増賛。与本文不相脗合。甚戻当日作者意。由是仍家伝旧本而刪正之。遂捐鉢付梓用広流通。庶遠祖手眼重新老子面目猶在。

これまでの日本の老子口義の諸書は、訓点・頭書などのあるものをふくめて、本文に重要な点で相違はない。個々の字に字体などの相違はあっても、本文に相違はないのである。しかし如一の校定したこの書の本文は、これらの

諸書の本文と重要な点で相違する。個々の字に字体などの相違があるだけでなく、文にも相違があるのである。

　今経文について、如一のこの書の初刊本を以て、寛永正保間（一六二四年―一六四七年）成立の道春の老子鬳斎口義の初刊本に比較するに主たる文の相違は次のようである。

　第三一章

（道春口義）若美必楽之楽之者是楽殺人也

（如一口義）而美之者是楽殺人

すなわち、若美必楽之の一句が前者にあって後者にない。

第三六章

（道春口義）柔之勝剛弱之勝強

（如一口義）柔弱勝剛強

前者で二句であるものが、後者では一句である。

第四一章

（道春口義）夷道若類進道若退

（如一口義）進道若退夷道若類

すなわち、二句の順序が逆である。

主たる文の相違は以上のようであるが、いずれが原文に同じであるか、あるいは近いか、にわかに決定することはできない。しかし第四一章に関するかぎり、如一の書が原文に同じであるかあるいは近いと考えられる。希逸の注には、進道若退の句をさきにとりあげ、ついで夷道若退の句をとりあげて説明している。

すなわち、第四一章に希逸は次のように注している。

進道若退者能退則為進也。楊子所謂以退為進也。夷平也。夷道大道也。大道則無分別。類同也。和光同塵之意也。

このことは原文では、進道若退がさきにあり、ついで夷道若類があることを示している。

注文における主たる文の相違は、次のようである。

第七章

（道春口義）此語又是老子誘人為善之意。及釈氏説出来則無此等語矣。故謂之真空実有。

（如一口義）此語又是老子誘人為善之意。故謂之真空実有。

すなわち、及釈氏説出来則無此等語矣の一文が前者にあって後者にない。道春の書が原文に同じであるかあるいは近いと考えられる。全体としての意味はこの一文がないと理解できない。

このように如一校定の本文には一長一短がある。しかし老子口義を校定するこころみは、従来ほとんどなされていない新しいこころみである。

この書は如一の労作の一つとなすべきであろう。

この書は成立後間もなく刊行されたと考えられる。

如一は老子口義の著者の子孫であり、彼によって作られたこの書は、その事からも人々の興味をひいたようである。如一のこの書は、老子口義を他の諸注より重んずる学風を一層盛にしたであろう。

なおこの書が刊行されると、如一はそれを故国に送っている。[7]

老子口義が主として用いられたのは、これまで述べたように、一つには道春・如一などがそれを紹介したことによるであろう。と共に、その内容が当時の人々の受け入れ易いものであったことにもよるであろう。このことについてはあらためて述べたいと思う。

注

(1)程祖洛等・重纂福建通志に希逸の傳がある。

(2)師蠻・本朝高僧伝に得巌の伝がある。

(3)斯道文庫編江戸時代書林出版書籍目録集成に収められている。以下とりあげる書籍目録も同じである。

(4)林恕編羅山林先生集に道春の年譜と行状を附している。

(5)内閣文庫に道春の自筆本を一部蔵している。

(6)如一の伝に、明洞・広寿即非和尚行業記がある。

(7)毛利瑚珀・荘子鬳斎口義大成俚諺鈔に見える。

江戸長崎談叢（復刊三の三）抜粋　（昭和四十五年九月）
原稿はガリ版印刷のため、編者がパソコン入力を行った

徳川初期の朱子学の地位

徳川初期の朱子学の地位

1

最近、日本の思想史とくに徳川時代の思想史に対する関心が高まってきたようである。

周知のように、徳川時代の思想は朱子学をのぞいては考えることができない。徳川時代の思想を正しく理解するためには、徳川時代の朱子学の地位を正しく理解する必要があろう。

ところで、一般的な見解に従えば、幕府は多くの思想の中から、特に朱子学をえらび、その思想を武士および庶人の遵守すべきものとし、それ以外の思想を排除した。そして幕府のこの政策は、幕府の初期において確立され、それ以来継承されたのである。

このような見解が、現在広く支持されているが、再検討されねばならないと思う。私は本稿において、徳川初期において、幕府が朱子学に対してどのような地位を与えていたか、はたして現在一般に考えられているような地位を与えていたか、当時の武家諸法度によって考察したいと思う。

2

徳川幕府の政治の基本を示すものは、武家諸法度であろう。では、徳川初期の朱子学は当時の武家諸法度の中で、どのようにあつかわれているのであろうか。

元和一年（一六一五年）徳川氏は豊臣氏を滅ぼし、名実ともに支配者になると、最初の武家諸法度を公布して、政治の基本方針を示している。この法度は、幕府の政治顧問であった崇伝の起草したものである。あわせて一三条からなり、各条には、前段に大綱があげられ、後段にその主旨が説明されている。

これには、朱子学について、直接言及するところはない。しかし、朱子学に対する幕府の考えを、それによって知ることは可能である。

はじめに一三条の条文の中から、第一条をとりあげよう。第一条に言う。

文武弓馬之道専可相嗜事。

左文右武古之法也。不可不兼備矣。

弓馬是武家之要枢也。号兵爲凶器。不得已而用之。治不忘乱。何不励修練乎。

この条文は、その後段に、兵器の使用はできるだけ避けねばならない、しかし争乱にそなえて、それを使用する修練を怠ってはならない、という意味の記述がある。ここで注意したいのは、そのことを述べるのに、老子書・易経によっていることである。

「号兵爲凶器。」古来兵器を凶器と呼んでいる。これは老子書第三一章の文の紹介である。「不得已而用之。」 やむを得なくなってはじめて兵器を使用する。これは同じ老子書第三一章の文の引用である。第三一章に言う。

兵者不祥之器、非君子之器。不得已而用之。恬淡爲上。故不美也。

「治不忘乱。」 平和であっても争乱を忘れてはならない。これは易経繋辞下の文の引用である。繋辞下に言う。

子曰。危者安其位者也。亡者保其存者也。乱者有其治者也。是故君子安而不忘危。存而不忘亡。治而不忘乱。是以身安而国家可保也。易曰。其亡其亡、繋于包桑。

老子書・易経は、いずれも第一条の条文を権威づけるために紹介されているし、また引用されている。

ところで朱子は、老子書をどのように考えているであろうか。朱子は老子書は老子の作ったもの、その思想は排斥すべき異端の思想と考えている。すなわち、そこに教える虚無は、仏典に教える寂滅とともに、人倫を乱すと考えている。大学章句序に言う。

異端虚無寂滅之教、其高過於大学而無実。

中庸章句序に言う。

而異端之説、日新月盛、以至於老仏之徒出則弥近理而大乱真矣。

また朱子は、易経をどのように考えているであろうか。朱子は、易経は伏羲・文王・周公・孔子が作ったもの、その思想は人の学ぶべきものと考えている。すなわち易経は吉凶消長の理・進退存亡の道を教え、人を大過なからしめるものと考えている。周易本義上経に言う。

経則伏羲之卦文王周公之辞也。并孔子所作伝、十篇、凡十二篇。

また、論語集注述而に言う。

学易則明乎吉凶消長之理進退存亡之道。故可以無大過。蓋聖人深見易道之無窮、而言此以教人、使知其不可不学而又不可以易而学也。

つぎに第七条をとりあげよう。第七条に言う。

於隣国企新儀結徒党者有之者、早可
致言上事。
人皆有党、亦少達者。是以或不順君
父、乍違于鄰里。不守旧制、何企新
儀乎。

この条文は、その後段に、人はすぐ集団をつくり、ともすれば秩序を破るような行動をする。このことに気をつけねばならない、という意味のを記述がある。ここで注意したいのは、そのことを述べるのに、推古一二年（六〇四年）の憲法によっていることである。

「人皆有党、亦少達者。是以或不順君父、乍違于鄰里。」人は誰も集団をつくるが、聡明な者は少い。そこでその集団は、君父にもそむき、村人とも対立する。これは、推古一二年の憲法の第一条の文の引用である。第一条に言う。

以和爲貴、無忤爲宗、人皆有党、亦
少達者。是以或不順君父、乍違于隣
里。然上和下睦、諧於論事、則事理
自通、何事不成。

推古一二年の憲法は、第七条の条文を権威づけるために引用されている。

この憲法は、聖徳太子の作ったものである。太子は当時におけるもっともすぐれた仏教の理解者であり、勝鬘経・維摩経・法華経の義疏を著述している。この憲法は、その第三条に、「篤敬三宝。三宝者仏法僧也。則四生之終帰、万国之極宗。」と述べているが、これによっても明らかなように、仏典の思想をその根底にもっている。

ところで朱子は、すでに述べたように、仏典の思想を異端の思想と考えている。

武家諸法度には、このように、朱子が聖人の書とした易経とともに、異端の書とした老子書や、同じように異端の書とした仏典と深いかかわりをもつ推古一二年の憲法などを、その条文を権威づけるために、自由に紹介したり、引用したりしている。

朱子はその所説のよりどころとして、儒教の古典を用いたが、異端の書とする老子書や仏典などを用いていない。もし幕府が、朱子学に特別の地位を与えていたなら、朱子学にできるだけ忠実であったであろう。そして武家諸法度の条文のよりどころとして、朱子の尊重する易経などの儒教の古典を用いることはあっても、朱子の排斥する老子書や仏典などの諸書を用いることはなかったであろう。

武家諸法度は、幕府のもっとも重要な法典であろう。しかるに、そこには他の思想に対する朱子学の制約はすこしも見られないのである。このことから、朱子学はその当時幕府から特別の地位を与えられてはいなかったと考えてよいであろう。

元和一年の武家諸法度は、寛永六年（一六二九年）に改正された。同じく、崇伝が起草した。もっとも改正とは言って

も、第五条と第九条が删除され、第一一条がすこし改められたにすぎない。朱子学の地位について、元和一年の武家諸法度から考えられたことは、寛永六年の武家諸法度からも考えられる。

これを要するに、徳川初期において、幕府は、多くの思想の中から、特に朱子学をえらび、その思想を武士および庶人の遵守すべきものとし、それ以外の思想を排斥するということはしなかった。幕府は朱子学をいくつかの思想の中の一つとしてみとめ、幕府の政治に対するそれなりの貢献を期待していただけである。

このように、当時幕府は朱子学に特別の地位を与えていなかったが、これに関連して、一つのことを付記したいと思う。

それは、当時幕府に朱子学を教える学校はなかったということである。

朱子学者である林道春(羅山)の家塾を、幕府の学校すなわち官学とする見解があるが、それは正しくない。

道春は、武州先聖殿記并詩において、その経営する学校を、「家塾」・「小塾」と言っている。武州先聖殿記并詩にいう。

> 源大君撥乱反正、闔国一統、文武相総、威恵兼施、以駿城爲麾下之天府。予奉仕之有年矣。嘗請営家塾、聴相其攸、有事不遂。会大君棄群臣。歴十余歳後、庚午之冬、幸蒙鈞命、得賜其地于武之上野。且辱受兼金之恩賚。乃雇工搆小塾立書庫。

また道春は、台駕入先聖殿において、それを、「道春塾」と言っている。台駕入先聖殿に言う。

> 寛永十年七月十七日、征夷大将軍従一位左大臣源君肅詣東叡山東照大神君之原廟、其還、寄台駕于道春塾、入先聖殿、見聖像及四配位、甚嘉焉。

また道春の子の恕は、道春の年譜において、それを家塾と言っている。年譜に言う。

> 今夏、執事阿部忠秋奉旨賜銅瓦庫一宇、移建於家塾。

このように、当時朱子学を教える官学はなかったのである。このことは、当時の朱子学の地位を考察するとき、忘れてはならないことであろう。

3

徳川初期の朱子学の地位は、以上のようであるが、徳川時代の学者で、そのことに言及している者もある。たとえば家田虎(大峰)は、いわゆる寛政異学の禁が行われた時、それを非難する上書を松平定信に呈出しているが、その中で、このこと

に言及して、程子・朱子の学者でなくても、道春に劣らない学者がいたなら、家康はその学者を用いたであろうと言っている。虎の上書に言う。

　仏者之宗派を以て比況仕候に、御当家の御寺は、三河以来浄土宗に御座候処、南天坊天海なる英才之僧御信用被爲在候より、格別に東叡山御建立御座候而、其後は御代々上野増上寺の両御寺へ被爲入候御事に相成申候。依之奉恭察候に、其御時節に、程朱之学流に無御座候共、若聖人の道を能く會得仕候而、道春に劣らざる才徳高き学者有之候はば、乍恐寛仁大度之神慮を以て、流派之御嫌なく御用ひ可被遊御儀に御座候半歟。竊に奉承知候御儀に、本朝忶士家の経学は、古来より漢魏之註本に相定居候処、林道春京都に於て、初て朱子集註之論語を講釈有之候得ば、朝廷より神祖へ御沙汰に被及候之処、其御時節に道春程の者も外に相見え不申候得ば、其儘に差置用ひ候共苦しかる間敷之旨御答に被及候由、乍恐奉承知候御儀に御座候。

　この所説は、徳川初期の朱子学の地位を正しく指摘したものである。徳川時代には虎にかぎらず、一般にかなり公平に、その地位を理解していたのでなかろうか。その地位に対してかたよった見方をするようになったのは、むしろ最近のことでなかろうか。

　なお、朱子学の地位は他の時期にはどうであったか。そのことについては別の機会に述べたいと思う。

日本随筆大成（吉川弘文館）第一期 付録 より抜粋

（一）近世随筆中の老子注関係の記事 ―梅村載筆・文会雑記の場合―

（第十四巻　昭和五十年十二月）

（二）晩年の太宰春台 ―老子に対する関心と理解―

（第二十一巻　昭和五十一年四月）

近世随筆中の老子注関係の記事
―梅村載筆・文会雑記の場合―

近世の随筆をいくつか読んで感じることは、それぞれの作者のもつ知的関心の広さである。彼等の関心はある一つの分野に限定されず、さまざまな分野に及んでいる。近世という時代は一般に言われている以上に、自由に物事を思考した時代であったと思う。そして自由に思考する精神が、さまざまな物事に対する知的関心をよびおこしたであろう。随筆の作者はこうした時代を代表した人々であって、その記事は多様であり、近世に関して何かを研究する場合、私たちは例外なくその恩恵をうけるのである。

老子書は日本においてどのように受容されたか、それは日本の思想史の上で興味ある問題であり、それについていくつかの論考がすでに発表されている。ところで近世についてその問題を考える時、私たちは当時の随筆の中に思いがけない資料を得ることがすくなくない。

中世では主として河上公の注によって老子書を解したが、近世に入るとそのような学風は次第におとろえて、林希逸の注によって老子書を解するようになるのである。

梅村載筆には当時の学界の様子を語る貴重な資料をのせている。

　老子　道徳経と名く　漢河上公注宋蘇子由が注もあり　又林希逸口義をつくる

　荘子　南華真経と号す(中略)大明の焦竑老荘翼を撰す

この記事により当時用いられた老子注には、河上公・林希逸の注のほかに、蘇子由・李道純・陳致虚・張位・焦竑の注があったことを知ることができる。

なおこの記事に言う「道書全書」とは、明・閻鶴洲編　道書全集であろう。これには老子注としては、李道純・陳致虚・張位の注を収めている。また「焦竑老荘翼」とは焦竑の老子注（老子翼）と荘子注（荘子翼）である。

希逸の注の普及にもっとも貢献したのは林羅山である。ところでやがてこの注に対する批判が生まれる。羅山に学んだ山鹿素行、中国より渡来した陳元贇、伊藤仁斎の長子東涯等が、それぞれの老子書の理解を背景にして、この注をするどく批判する。荻生徂徠とその門下も、この注に対して活発な批判をするようになる。

文会雑記には、徂徠とその門下との間に行われた希逸の注に対する批判について、興味ある記事をのせている。

　徠翁其外モ林希逸カ老荘解ハアシヽト云リ　金華独カヒソカニサヽヤキテ必希逸カアシキニモ非シト云リ　君脩ニ予希逸ノ解サノミアシカラシト云シ時右ノ如ク金華ノ咄ヲ君脩話レリ

「徠翁」は荻生徂徠、「金華」は平野金華である。「林希逸カ老荘解」は、林希逸の老子注（老子口義）と荘子注（荘子口義）である。

この記事によれば徂徠は希逸の注を否定し、そのほかの人々もそれに同調しているが、金華は希逸の注の限界を認識しながらも、徂徠の評価には同調していない。

　春台老子ノ注ハ韓非カ解老ニモトツキ荘子ヲ引合テ注スヘキ由ノ物スキナリト語ラレシヨシ君則ノ話ナリ

服部南郭とならんで徂徠門下の代表者とされた太宰春台は、韓非子の老子注を推している。

　南郭云老子ノ注トレカ老子ノ意ヲ得タルトモ云カタシ
　其中ニ王弼注何トヤラン簡古ニテ見ヨキヤウニ見ル也

服部南郭は、老子注の中でどれが老子の意を得ているか言いがたいとしながらも、王弼の注を推している。

希逸の老子注は、こうした批判とともにその地位を失うが、それ以後どのような事態が展開するであろうか。これに関する資料を近世の随筆の中に求めることは楽しいことである。

楽しいことと言えば、随筆の中に必要な記事を求めながら、ふと横道にそれて、それと関係のない記事を読みふけることがあるが、それもまた楽しいことである。そんな時、今日は仕事が一向にはかどらないとぼやきはするが、不満を感じることはないのである。

（都立戸山高等学校教諭）

晩年の太宰春台
―老子に対する関心と理解―

荻生徂徠の数多い門人の中で、太宰春台はもっとも独自な思想をもった人である。彼はしばしばその師徂徠の思想からはみ出た。彼は徂徠から敬遠されたが、それは一つには性格の相違によると考えられる。しかしより多く思想の相違によると考えられる。彼は同門の服部南郭に、「尤不才の我等ゆへ知遇をば不受候へども――」と、彼が徂徠の知遇をうけなかった理由として、彼に才能がなかったことをあげているが、私たちはその理由として、むしろ彼に才能のあったことをあげなければならないだろう。徂徠の死後、春台は一層独自の道を歩むようになる。

ところで春台の思想の特色の一つは、その老子の理解の独自性であると思う。彼の老子に対する関心は年とともに大きくなり、その晩年には、未完成に終ったが、老子注（老子特解）をつくるまでになるのである。

あまり知られていないようであるが、彼の老子注に関する興味ある資料が残されている。春台が寛保三年（一七四三）頃にその門人渡辺蒙庵に与えた手紙である。蒙庵は老子注（老子愚読）を著して、当時流行していた林希逸の老子注（老子口義）を批判した。蒙庵はその著を春台におくって感想を求めたようである。それに対する春台の返事がこの手紙であろう。この手紙は、「春台先生与操書」と題されて、老子愚読に収められている。

老子愚読。卒業返上。読老子者得之。其必思過半矣。古今説老子者。要未得其指帰。以純所見。唯韓非解喩為得老子指帰。非則得老子之道以行其術者。河上公之説不傳。今所有者。宋以後人之偽作也。晋人好老子。而其説則雑以仏理与易道。如王弼之注。何足以言老子乎。足下以荘周為老子之丘明。此見甚高。唯純亦嘗言云爾。蓋老聃空言。荘周則寓言以実之。空言待実事而後其意可見矣。然五千言中。未得其解者亦不少。如載営魄塞其兌。荘周無説。今不可強解。豈荘子逸篇中有之耶。是未可知也。純嘗欲注老子。有志而未果。幸有余年。或及之耳。足下此撰。希逸氏見之。其将夜遁。痛快痛快。

春台はこの手紙の中で、諸家の老子に対する理解に言及したあと、蒙庵の老子注の出来ばえをほめて、この注を見れば希逸は夜逃げをするだろう、痛快痛快、と彼にはめずらしいはしゃいだ調子で言っている。彼自身については、以前から老子注をつくろうと思っていたが、まだそれを果たさないでいる、残された生涯において、それを果たしたい、と言っている。

彼は延享四年（一七四七）になくなった。この手紙を書いたのが寛保三年（一七四三）とすれば、その四年後である。彼の老子注はこの間のある時期に書かれたのであろう。

春台は第三十一章の注を途中まで書いたところで、病気のために筆を絶った。それから後は門人宮田金峰が書きついだ。これは天明三年（一七八三）刊行された。

この注には春台の長文の序があり、それには彼が最後に到達した老子に対する理解が述べられていて興味ぶかい。

春台は老子について、老子は先王の道を学び、それを理想としていたのであり、それを行うのにふさわしい時代に生きておれば、よき為政者になったであろうと述べている。

老子の書については、その書は先王の道を行うことのできない時代に生きた老子の、その生きた時代に対するいきどおりのことばであると述べている。またその書は無為の思想を説いているが、それは衰世を治めるのにふさわしい思想であると述べている。

このように老子を理解した春台は、自身の生きている時代も、先王の道を行うことのできない衰世であると考える。そして老子の無為の思想によって政治が行われてこそ、人民ははじめて休息を得ることができる

と述べている。

春台は晩年において、老子をこのように理解した。それはその師徂徠や徂徠の門人たちの老子の理解と大きく異なったものであり、また他の同時代の人たちの理解とも大きく異なったものである。

春台は老子の思想を老子の時代との関連においてとらえたにとどまらず、彼の時代との関連においてとらえた。そして彼は幕府の統治下にあって、その治世を衰世と言っている。それは容易ならぬことであろう。南郭は春台の政治批判には不賛成で、以前にも「経済はいらぬ事なり、夫を太宰書たるは当時を誹謗はんになれば出来ざる事也」と言っている。南郭は批判の結果をおそれたのであろう。春台は彼の時代を衰世と言ったが、彼の言う衰世については、機会を得て、もっとくわしく書きたいと思う。

なおこれは別のことになるが、現在徂徠全集が二社によって出版されている。その一つが春台全集であるなら、春台について知ることができるだけでなく、徂徠についても、より多く知ることができると思う。春台全集の出版を待っている人はかなり多いのではなかろうか。

その前後はどうであろうか、文化・文政の頃は、書林では徂徠集はよく売れたが、徂徠の代表的門人とされた春台・南郭の文集は全く売れず、そこにつみ重ねられていたようである。（森銑三著作集・第十二巻・人物雑稿参照）

現在もまた春台はそのような不当なあつかいをうけねばならないだろうか、現在は文化・文政の頃と大分事情がちがうのである。

（都立戸山高校教諭）

古典研究会編「汲古」第四十四号抜刷　（平成十五年十二月）　汲古書院

傳顧歡『道德眞經注疏』所引の『老子注』・『老子疏』

傳顧歡『道德眞經注疏』所引の『老子注』・『老子疏』

『正統道藏』信字號に、「道德眞經注疏卷之一（一～八）呉郡徴士顧歡述」と題する書が收められている。（以下この書を『注疏』と言う）

「顧歡」は南齊の隱逸の士である。彼は『老子』に深い關心をもち、『老子義疏』・『老子義綱』を著している。しかし『注疏』が彼の著書であるとは考えられない。

武内義雄『老子の研究』等によってすでに指摘されているように、『注疏』に引用する『老子注』の注文と『老子疏』の疏文の作者には顧歡以後の人が多い。中でも陳象古がもっとも新しく、北宋の人である。その『老子注』には北宋・徽宗建中元年（一一〇一年）の自序が載せられている。このことから考えると、『注疏』の成立は一一〇一年以後の北宋か南宋の時代であろう。作者は不明である。

この『注疏』は、『老子注』・『老子疏』の逸文の研究史料として貴重な書である。この書には二一種の『老子』の注・疏が引用されており、中にはこの書にしか見られない注・疏も少なからず存在するのである。しかし二一種の注・疏の正確な作者名あるいは書名は、大部分が未解決のまま殘されているのである。

『注疏』所引の注・疏のうち少數の注・疏が特定された前例は少なくないようであるが、すべての注・疏が特定された前例はないようである。本稿では、一試論として二一種の注・疏を檢討し、作者名あるいは書名を特定したいと思っている。

『注疏』の原本には、引用する『老子注』・『老子疏』の作者名あるいは書名は、正確に記されていたはずである。その原形が失われた時期は特定できないが、誰かにより作者名あるいは書名が無原則に省略されて書寫されたであろう。それが轉寫され、その一本が『正統道藏』編纂の時、底本として採用されたであろう。おそらく外に善本がなかったからであろう。

『注疏』所引の二一種の注・疏の中、作者名あるい書名が正確に記されている例は、「節解」・「羅什」・「何晏」・「想爾」・「松靈」の五例にすぎない。その外は河上公『老子注』が「注」と記され、成玄英『老子義疏』が「疏」あるいは「成疏」と記され、玄宗『老子注』が「御」と記されるなど、もとの作者名・書名が失われている。

なお『注疏』は完本ではなく、第五～九章の計五章は注・疏を全く缺いている。第四・一〇章は一部の分節に注・疏を缺いているが、大部分の分節には注・疏が引用されている。從って研究の對象としてとりあげる章は、八一章のうち第五～九章を除く計七六章となる。

今所引の注・疏の作者名・書名を特定するために、その注・疏の注文と現存する『老子注』・『老子疏』の注文あるいはその逸文を比較する。またその注・疏と關係のある他の史料を檢討し、その作者名・書名を特定する。

なお二一種の注・疏の中には、經文を章に分けず、單數あるいは複數の句（假に分節と言う）に分け、その下に注文・疏文を置くものがある。本稿では便宜上、それらの注・疏の經文を通例に準じて八一章に分けて記述する。

(1)　河上公注

『注疏』には、河上公『老子注』（『老子章句』などと言う）を「注」と略記し、その注文を計七六章に引用する。（『注疏』が完本であれば、河上公の注文は計八一章に引用されているであろう。）『注疏』所引の「注」の注文と、現存河上公『老子注』の注文とを比較すれば、「注」が河上公『老子注』であることが明らかとなる。

なお「注」と略記する河上公『老子注』の注文は、七六章のすべてにおいて、省略などせず、もとのまま引用されている。

(2)　唐・成玄英「疏」

『注疏』には、成玄英『老子道德經義疏』を「疏」あるいは「成疏」と略記し、その注文を計七六章に引用する。（『注疏』が完本であれば、成玄英の注文は計八一章に引用されているであろう。）

成玄英の『老子』の注解書は次のようである。

(ア)『道德眞經注』二卷（『舊唐書』經籍志・『新唐書』藝文志）
(イ)『老子道德經義疏』五卷（ペリオ文書第二五一七號。殘卷）
(ウ)『老子道德經講疏』六卷（『道德眞經廣聖義』序）
(エ)『老子道德經開題序訣義疏』七卷（『新唐書』藝文志）

これら四種の注解書の相互關係は明らかでない。ただし『老子道德經義疏』殘卷は、現存する成玄英の唯一の『老子』の注解である。

『注疏』所引の「疏」あるいは「成疏」の文と、上記の現存成玄英『義疏』殘卷の注文を比較すれば、「疏」と「成疏」が成玄英『義疏』と同じであることが分かる。「疏」は義疏の略記、「成」は成玄英の略記であろう。

なお計七六章に引用されている「疏」・「成疏」の注文は、もとの注文のすべてである場合もあり、もとの注文の一部分である場合もある。

(3)　唐・玄宗注

『注疏』には、玄宗『老子注』（『御注老子』などと言う）を「御」と略記し、その注文を計六七章に引用する。

『注疏』所引の「御」の注文と、現存玄宗『老子注』の注文とを比較すれば、「御」が玄宗『老子注』であることは明らかである。

(4)　唐・玄宗疏

『注疏』には、玄宗『老子疏』（『道德眞經疏』などと言う）を「御疏」と略記し、その疏文を計一章（第四二章）に引用する。

『注疏』所引の「御疏」の疏文と、現存玄宗『老子疏』の疏文を比較すれば、「御疏」が玄宗『老子疏』であることは明らかである。

玄宗『老子疏』は上記の玄宗『老子注』の注解である。なお

「御疏」とは「玄宗御疏」の「御疏」であろう。

(5)　無名氏「節解」

『注疏』には、「節解曰」として、その注文を計四八章に引用する。

『節解』（『老子節解』などと言う）の作者は不明である。

『隋書』經籍志にはじめてこの書を著錄するが、作者の名を記していない。『宋史』藝文志には、作者を葛玄とするが、その理由は知り難い。『經典釋文』序錄には、『節解』の作者を老子あるいは河上公とする説を紹介しつつも、「不詳作者」とする。杜光庭『道徳眞經廣聖義』序には、『節解』は老子が尹喜に説いた書とするが、根據はない。

ただし『節解』の逸文を見るに、作者は主として道教の養生の思想で『老子』を説明している。作者は六朝時代の養生の思想を重んずる道教の一派の道士の可能性がある。

(6)　南齊・顧歡注

『注疏』には、顧歡を「顧」と略記し、その『老子注』の注文を計二五章に引用する。

同一の經文を注解する、『注疏』所引の「顧」の注文と、李霖『道徳眞經取善集』所引の「顧歡」の注文を比較すれば、「顧」と「顧歡」が同一人物であることが明らかになる。

例えば、『老子』第二一章の經文「道之爲物、惟恍惟惚」に對する、「顧」と「顧歡」の注文をとりあげよう。

第二一章

《經文》

道之爲物、惟恍惟惚、

《「顧」・注文》

顧曰、欲言定有、而無色無聲、言其定、無而有、情有信、以其體不可定、故云、恍惚、（『注疏』）

《「顧歡」・注文》

顧歡曰、欲言定有、而無色無聲、言其定、無而有、信有精、以其體不可定、故曰、唯恍唯惚、如是觀察、名爲從順、於道所以得、（『取善集』）

上記の二注文を比較すれば、引用の長短、語句の相違があるが、もと一注文より出たことが分かる。このことから考えれば、「顧」と「顧歡」は同一人物である。

ちなみに引用の長短は引用者の判斷によって決まることであり、語句の相違は引用者の使用したテキストの相違、あるいは傳承の間の誤寫などによって生まれるものであろう。

顧歡作成の『老子』の注解書は次のようである。

(ア)　『老子義綱』一卷（『隋書經籍志』）

(イ)　『老子義疏理綱』一卷（『舊唐書』經籍志）

(ウ)　『〔道徳經〕義疏治綱』一卷（『新唐書』藝文志）

(エ)　『老子義疏』一卷（『隋書經籍志』、卷數が一卷と記されているのは、四卷が一卷と誤寫されたためか、隋王朝所藏の『老子義疏』が一卷の殘卷であったためであろう）

(オ)　『老子道徳經義疏』四卷（『舊唐書』經籍志）

(カ)　『道徳經義疏』四卷（『新唐書』藝文志）

これら六種の注解書の書名および卷數から考えれば、ア・イ・ウは同じ書であり、エ・オ・カも同じ書であろう。

なお唐・陸徳明『經典釋文』序錄には、「顧懽堂誥四卷、一作老子義疏」と著錄する。（「顧歡」を「顧懽」と書く例は、董逌『藏書志』にも見られる）

また唐・杜光庭『道德眞經廣聖義』序には「吳郡徵士顧歡、字景怡、南齊博士、注四卷」と著録する。

『經典釋文』著録の「堂誥」や『廣聖義』著録の「注」は、卷數や注記の内容から考えると、エ・オ・カと同じ書であろう。（以下ア・イ・ウを『治綱』とよび、エ・オ・カおよび「堂誥」・「注」を『義疏』とよぶ）

『治綱』は『義疏』の不要な部分をけずり、主要な部分を集め再構成した書であろう。『南齊書』顧歡傳に、顧歡が『治綱』一卷を太宗に獻上し、「謹删撰老氏、獻治綱一卷」と述べたと記している。顧歡のこの言葉は、上記のような、『治綱』成立の事情をよく表現していると考えられる。ただし『治綱』も『義疏』も現存しない。

『注疏』の「顧」の注文と『取善集』の「顧歡」の注文は、『治綱』と『義疏』のどちらから引用されたであろうか。

唐及びそれ以後の時代、『義疏』四卷は『治綱』一卷よりよく知られ、利用されていたであろう。陸德明『釋文』や杜光庭『廣聖義』にとりあげた顧歡注は、いずれも『義疏』である。しかし『治綱』は陸德明・杜光庭もとりあげていない。『注疏』の「顧」の注文と『取善集』の「顧歡」の注文は、おそらく『義疏』から引用されたであろう。

(7) 唐・王顧等疏

『注疏』には、王顧を「王」と略記し、「王」等の『老子疏』の疏文を計一三章に引用する。

「王」は王弼や王眞等ではない。『注疏』所引の「王」の文と、現存王弼『老子注』・王眞『老子注』の注文を比較すれば、そのことは明らかである。

「王」は唐・玄宗の時、玄宗『老子注』を注解する疏の作成を主宰した王顧であろう。北宋～南宋・董逌『藏書志』の記事（彭耜『道德眞經集注雜說』所收）に言う。

　王顧等奉元宗命、撰所註經疏、

「元宗」は唐・玄宗である。「撰所註經疏」は「撰〔元宗〕所註〔老子〕經疏」〈〔元宗〕注スル所ノ〔老子〕經ノ疏ヲ撰ス〉であろう。

この記事によれば、王顧等は玄宗の命を受け、玄宗『老子注』を注解する疏を撰したのである。『宋史』藝文志には「王顧老子道德經疏四卷」と著録する。

王顧等の疏は現存しない。しかし南宋・董思靖『道德經集解』第三八章には、王顧等の疏文を引用して、「王顧等云、有德則遺其失、不德則遺其得」と言う。

ちなみに、この疏の作者は正確に言えば「王顧等」であるが、「王顧」とも言われている。

ところで現存玄宗『老子疏』の疏文と『注疏』所引の「王」等の文を比較すれば、明らかに異なる。玄宗『老子注』を注解する疏としては、現存玄宗『老子疏』のほかに、王顧等作成の疏が存在したであろう。

とすれば、玄宗『老子注』の注文（以下Aと言う）と、『注疏』所引の「王」の文（以下Bと言う）には、注と疏の關係が存在するはずである。檢討の結果、AとBには注と疏の關係が認められる。

(ア)　BはAを理解しやすくするためであろう、Aのことばを言いかえている。

第一四章

《經文》

執古之道、以御今之有、
《A》
執古无爲之道、以御今有爲之事、則還返淳樸矣、能知古始所行、是謂道化之紀綱、（玄宗『老子注』）
《B》
王曰、守古無爲之道、制御今之有爲之世、鎭此躁動之俗、反古之淳素之始、陶鍊變化、是①謂道綱紀也、（『注疏』、①「謂」はもと「得」に作る、今「謂」に改める）
文の主旨は言うまでもないが、單語だけを比較しても、Bには Aを言いかえたことばが多い。すなわち「執」（A）を「守」（B）に、「御」（A）を「制御」（B）に、「還返」（A）を「反」（B）に、「淳樸」（A）を「淳素」（B）に言いかえている。
(イ)　BはAの主旨を古典の說話等を用いて敷衍している。
第一七章
《經文》
百姓謂我自然、
《A》
功成而不執、事遂而无爲、百姓日用而不知、謂我自然而成遂、則太上下知有之之謂也、（玄宗『老子注』）
《B》
王曰、化不由言、冥功潛被、物各逍遙擊壤、自得、日用不知、欣賴無主、莫識所爲、故皆謂我自然、（『注疏』）
Aにおいては、人民の受けている、帝王の無爲の政治の恩惠について述べている。
Bにおいては、Aを敷衍して、その恩惠とは、古典にある「逍遙」の樂しみであり、「擊壤」の樂しみであると說く。例えば『莊子』讓王篇には、「逍遙於天地之間、而心意自得」と、自適の生活の樂しみを說き、『帝王世紀』には、「帝堯之世、天下太和、百姓無事、八九十老人、擊壤歌、歌曰、日出而作、日入而息、鑿井而飮、耕田而食、帝力于我何有哉」と、太平の世の氣ままな生活の樂しみを說いているのである。
(ウ)　BはAの抽象的な平淡な表現を、具體的な印象的な表現に改めている。
第三一章
《經文》
殺人衆多、以悲哀泣之、
《A》
以生靈之貴、而交戰殺之、（玄宗『老子注』）
《B》
王曰、匹夫釐婦、猶感天地、而況橫屍巨野、散骨長原、肉飼烏鳶、血流絳草、（『注疏』）
Aにおいて、人を「生靈之貴」（貴い生靈）と言うに對し、Bにおいては、「匹夫釐婦、猶感天地」（人は貧賤な男女であっても、天地の神を感動させるもの）とする。
Aにおいて、戰爭の悲慘さを「交戰殺之」（交戰して貴い生靈を殺す）と言うに對して、Bにおいては、「橫屍巨野、……血流絳草」（廣野には死體が橫たわり、骨が散らばる、死者の肉は鳶の餌食となり、血は草を赤く染める）と言う。
以上、ア・イ・ウで考察したように、BはAを分かり易くするために言いかえ、あるいはAを古典を用いて敷衍し、あるいはAを具體的・印象的な表現に改めている。AとBの關係は、注とそれを注解する疏の關係にあるであろう。
王顧等の疏は玄宗に採用されなかったであろう。それは、王顧等の『老子』解釋に、玄宗『老子注』の『老子』解釋から逸脫し

たところが多いと判断されたからではなかろうか。玄宗『老子注』と王顧等の疏の解釋の異なる一例をあげよう。

第一五章

《經文》

猶若畏四鄰、

《A》

……如今代人懼鄰①戎、（玄宗『老子注』、①「戎」はもと「戒」に作る、今「戎」に改める。）

《B》

王曰、四鄰謂生老病死、亦是四魔、……（『注疏』）

「四鄰」をAは「鄰戎」（鄰國の異民族）と解し、Bは「生老病死」（佛教語）、あるいは「四魔」（佛教語、煩惱魔・陰魔・死魔・天子魔）と解している。Bの解はAの解とは全く異なる。BはAを注解する疏としてふさわしくないであろう。

(8)　唐・蔡子晃注

『注疏』には、蔡子晃（蔡晃とも言う）を「蔡」と略記し、その『老子注』の注文を計八章に引用する。

「蔡」を蔡子晃であると考える理由は次のようである。

(ア)　宋及びそれ以前に、『老子注』を作った蔡姓の人物は、蔡子晃以外には見當たらない。

(イ)　『注疏』所引の「蔡」の注文のあとに、『取善集』所引の「蔡子晃」の注文を置くと、二注文が論旨の一貫した一文になる例がある。

第一三章

《經文》

吾所以有大患者、爲吾有身也、及吾無身、吾有何患、

《「蔡」・注文》

蔡曰、有身者執著我身、不能忘遺、爲身愁苦、優其勤勞、念其飢寒、卽大患、故知執有生累、存身患起、貫我身者、與貫乎存身、（『注疏』）

《「蔡子晃」・注文》

蔡子晃曰、無身者謂不以身爲身、冥乎造化、物我俱忘、患何能及、非是滅壞其身、喚作無身、（『取善集』）

『注疏』所引の「蔡」の注文は、「有身者」と書き出し、「有身」とは我が身に執着することであり、「有身」が大患をひき起こすと說く。『取善集』所引の「蔡子晃」の注文は、「無身者」と書き出し、「無身」とは物も我が身も忘れることであり、「無身」であれば患もその身に及ばないと說く。「蔡」の注文のあとに「蔡子晃」の注文を置けば、二注文は理路の整った一文になる。

このことから、二注文はもと連續する一文であったが、その前半が『注疏』に引用され、後半が『取善集』に引用されたと考えられる。

(ウ)　『注疏』所引の「蔡」の注文と、『取善集』所引の「蔡子晃」の注文には、同じ語法が用いられている。

第二三章

《經文》

同者同於道、德者同於德、失者同於失、

《「蔡」・注文》

蔡曰、若擧事、皆從於道、同則得之、則同道之用也、（『注疏』）

《「蔡子晃」・注文》

蔡子晃曰、有爲躁競、執教生迷、名爲失、既爲同失、不能虛心、……（『取善集』）

「蔡」の注文は「同於道」を「同道」と書く。「蔡子晃」の注文は「同於失」を「同失」と書く。二注の注文は一連の經文の句を引用するのに、同じように助辭の「於」を省略する。

(エ)『注疏』所引の「蔡」の注文と李霖『取善集』所引の「蔡子晃」の注文には、佛教の用語が多い。「蔡」の注文には「衆生」・「五欲」・「識身」・「道體」・「眞際」等の語があり、「蔡子晃」の注文には、「衆生」・「十方」・「本土」・「分別」・「輪廻」等の語がある。二注文には共通して佛教への強い關心が見られる。

(9)　盧裕注

『注疏』には、盧裕を「盧」と略記し、その『老子注』の注文を計七章に引用する。「盧」を盧裕であると考える理由は次のようである。

(ア)　宋及びそれ以前に、盧姓で『老子注』を作った人物としては、盧裕・盧光・盧藏用等の名が殘っている。これらの注の中では、盧裕注が注目され、利用されていたであろう。張君相『老子集解』や李霖『取善集』には盧裕注を引用しているが、盧光注・盧藏用注は引用していない。

(イ)　『注疏』所引の「盧」の注文と『取善集』所引の「盧裕」の注文には、共通する注解の作成方法が採用されている。すなわち二注文では、注解の對象とする語句の間に適切な語句を插入して注解を作っている。

第一五章

《經文》

孰能濁以靜之、徐淸、孰能安以久動之、徐生、

《「盧」・注文》

盧曰、……和俗而後靜、徐以守其淸、安身而後動、徐以全其生、（『注疏』）

經文の「徐淸」の「徐」と「淸」の間に「以守其」を插入して「徐以守其淸」の句を作り、それを「徐淸」の注解とする。また經文の「徐」と「生」の間に「以全其」を插入して「徐以全其生」の句を作り、「徐生」の注解とする。

第六四章

《經文》

以輔萬物之自然、而不敢爲、

《「盧裕」・注文》

盧裕曰、……以無欲無學、輔佐萬物之自然、使各遂其性、而不敢爲（『取善集』）

經文の「以」と「輔」の間に「無欲無學」を插入し、「輔」と「萬物之自然」の間に「佐」を插入し、「萬物之自然」と「而不敢爲」の間に「使各遂其性」を插入して、「以輔萬物之自然、而不敢爲」の注解とする。

この方法は「盧」の注文や「盧裕」の注文だけに見られるものではないが、この二注文において顯著であると考えられる。

(ウ)　『注疏』所引の「盧」の注文と『取善集』所引の「盧裕」の注文には佛典の語を引用している。『注疏』第七三章、經文「不言而善應」に對する「盧」の注文に言う。

盧曰、寂寞無聲、故曰不害、有感則報、故曰善應、

上記の注文「寂寞無聲」は佛教教典より引用したであろう。『妙法華經』法師品には「寂寞無人聲」の句がある。

また李霖『取善集』第一六章、經文「道乃久」に對する「盧裕」の注文に言う。

盧裕曰、久長久也、謂量等太虛、無來無去、心冥至極、不生不滅、冥混自然、不可分別、旣與此理契會、義說爲久、

上記の「無來無去」・「不生不滅」は佛教教典より引用したであろう。『般若心經』には「不生不滅」の句があり、『無量義經』説法品には「無生無滅」・「不來不去」の句がある。

(10) 唐・張君相注

『注疏』には、張君相を「張」と略記し、張君相『老子集解』中の自注の注文を計六章に引用する。

『集解』には、二九人の『老子注』・『老子疏』の外に張君相の自注を載せている。『注疏』に引用する「張」の注文は、張君相の自注であると考えられる。

『注疏』所引の「張」の注文と、『取善集』所引の「張君相」の注文とを比較すれば、二注文には共通するところが少なくない。このことから考えれば、「張」と「張君相」は同一人物であろう。

以下二注文に共通するところを述べる。

(ア) 二注文は經文を注解するに當たっては、まずその分節の單語を注解し、次にその主旨を注解する。

『注疏』第一〇章所引の「張」の注文に言う。

張曰、以爲專精一也、氣氣息也、致得也、柔和也、嬰兒絶知見也、夫氣聚而生、氣散而死、人當專精愛氣、得柔和之道、然後能內息分別、外絶知道、身不見身、其身亦滅、心不知心、其心亦寂、故曰、能如嬰兒、(『注疏』)

この注文は、經文「專氣致柔、能如嬰兒」に對する「張」の注文である。

この注文ではまず單語「專」・「氣」・「致」・「柔」・「嬰兒」を注解し、次に主旨を注解する。

『取善集』第五五章所引の「張君相」の注文に言う。

張君相曰、毒蟲蜂蠆蛇虺之類、以氣害人爲螫、猛獸虎兕之類、以足踐人爲據、攫鳥鵰鶚之類、以爪傷人爲搏、赤子無害物之心、故不爲此等諸物所害、……(『取善集』)

この注文は、經文「毒蟲不螫、猛獸不據、攫鳥不搏」に對する「張君相」の注文である。

この注文ではまず單語「毒蟲」・「螫」・「猛獸」・「據」・「攫鳥」・「搏」を注解し、次に主旨を注解する。

以上述べたように、「張」と「張君相」の注解の様式は共通するのである。

(イ) 二注文は萬物を構成する要素としての氣の存在を強調する。前出第一〇章所引の「張」の注文には、「氣聚而生、氣散而死」と言う。人間の生と死を氣の集散で具體的に説明しているのである。

第五五章所引の「張君相」の注文には、「毒蟲以氣害人」と言う。毒蟲による人間の被害を毒蟲の氣によるものとしているが、毒蟲の氣がどうして人に害を與えるか、具體的な説明が缺けている。しかしここに氣の存在が強調されていることは、第一〇章の場合と同じである。

(ウ) 二注文は人間の道徳としての「柔（柔和）」・「夷（夷心）」を説く。

第一〇章・第七八章所引の「張」の注文には、「柔和之道」・「謙柔和綽」と言い、第七章・第五二章所引の「張君相」の注文には「坤柔厚載」・「順道無違曰柔」と言い、二注文とも、「柔（柔和）」を強調する。

第一章所引の「張」の注文には、「取捨情夷」（「取夷捨情」〈夷ヲ取リ情ヲ捨ツ〉と同じである）と言い、第三章所引の「張君相」の注文には、「恬淡爲上」を注解して「不亂曰恬、夷心曰淡」と言う。

二注文に説く「夷（夷心）」は、いずれも平安な心、無欲な心というほどの意味であろう。

(11)　後秦・羅什注

『注䟽』には、「羅曰」（第二章）・「顧什等曰」（第一二章）・「羅什内解曰」（第三七章）・「王及羅什二家云」（第五三章）・「羅什等曰」（第六二章）として、羅什『老子注』の注文を計五章に引用する。

クマーラジーヴァは西域の龜茲國の王妹とインドの貴族の間に生まれた僧である。彼は龜茲國からシナに行き、後秦・姚興の外護のもとで佛典の飜譯に從事した。鳩摩羅什はその名を音譯したものであり、それを省略して羅什・什と呼ぶ。童壽はその名を意譯したものである（クマーラは童、ジーヴァは壽）。彼が飜譯佛典に飜譯者としての名を記す時には鳩摩羅什の名を用いている。しかし普通には彼は羅什と呼ばれることが多い。

彼は『老子注』を作った。それは現存しないが、その注文は諸書に殘存する。ただしもとの書名は分からない。（ここでは羅什『老子注』とよぶ。）

以下、『注䟽』に引用する羅什『老子注』の注文について説明する。

(ア)　「羅曰」（第二章）

宋および宋以前に、そのよび名の中に「羅」字のある『老子注』の作者は、羅什以外に見當たらない。加えて「羅曰」として引用される注文は、内容を検討すれば明らかに佛家の言である。この「羅」という佛家は、羅什でないだろうか。

「羅曰」として『注䟽』第二章に引用される注文の中の「善此善無善、不免諸苦」〈此ノ善ヲ善トシテ善無ク、諸苦ヲ免レズ〉の句は、「此善」（注文全體から考えれば「名」を求めることであろう）を『諸苦』の原因として否定している。

『取善集』第四八章に「羅什曰」として引用される注文の中の「惡者非也、善者是也、既損其非、又損其是」〈惡ハ非ナリ、善ハ是ナリ、既ニ其ノ非ヲ損ジ、又其ノ是ヲ損ズ〉の句は、惡だけでなく善も否定している。

「羅」と「羅什」の句において否定される「善」はいずれも世俗の善であろう。「羅」と「羅什」は、世俗の善は老子の立場から見れば善ではない、と注解しているであろう。「羅」と「羅什」の句は内容において近似するのである。『羅』が『羅什』であり、「羅曰」がもと「羅什曰」と書かれていた可能性は低くないであろう。

(イ)　「羅什等曰」（第六二章）

「羅什等曰」の「等」は、羅什『老子注』が羅什と他の人の共著であることを意味するだろうか。羅什『老子注』は羅什等の共著ではない。「等」は衍文であろう。

(ウ)　「顧什等曰」（第一二章）

宋およびそれ以前の『老子』の注の作者に「顧什」と言う人物は見當たらない。「顧什」を〈顧ト什〉、例えば顧歡と羅什と考えることもできない。思想の相反する二人が同じような『老子』の注文を作ることはないであろう。

「顧什」は羅什を誤寫したものでなかろうか。「等」は衍文であろう。「顧什等曰」は「羅什曰」であろう。

『注䟽』第一二章に「顧什等曰」として引用される注文に類似する注文が、傅趙學士『道德眞經集解』第一二章に、「羅什曰」として引用されている。また明・焦竑『老子翼』第一二章には、上記の『集解』所引の注文と同じ注文が、「鳩摩羅什曰」として

引用されている。このことは、「顧什等曰」が「羅什曰」の誤寫であることを示している。

(エ)「王及羅什二家云」（第五三章）

「王」は王弼や王眞等ではない。すでに述べたように、『注疏』においては王顧を王と略記している。「王及羅什二家云」の「王」も王顧であろう。

王顧は玄宗『老子注』を注解する疏の作成を主宰した人物である。「王及羅什二家云」として引用されている文は、王顧等の疏および羅什『老子注』に記されていたであろう。おそらく『注疏』の編輯者は王顧等の疏文と羅什の注文に同じ文があることに興味を感じ、「王及羅什二家云」として、その文一五字を引用したであろう。

しかし王顧等と羅什の作った一五字の文が偶然一致するとは考えられない。彼等の生存した時代から考えれば、王顧等が羅什の注文を引用したことになるであろう。

もし王顧等が羅什の注文を引用する時、その出典を明記していたなら、『注疏』の編輯者は「王及羅什二家云」とは記さなかったであろう。しかし王顧等は出典を記さずに羅什の注文を引用したであろう。そのため『注疏』の編輯者は王顧等が引用した羅什の注文を王顧が作った文と思い、「王及羅什二家云」と記したであろう。

羅什の注文が『注疏』に「王及羅什二家云」として引用された經緯は、大よそ上記のようであろう。

ちなみに、王顧等が他書の文を出典を示さずに引用する例をあげる。『注疏』第一〇章に言う。

王曰、天有北極星、……交代之時、時有開闔、代有否泰、聖人處之、……治身、天門謂鼻口之門、開謂喘息、闔謂呼吸、……自得無爲之道也、

これは王顧等が玄宗『老子注』を注解した疏文である。王顧等は「否泰」を『易』雜卦傳の「否泰反其類也」より引用し、「治身、天門謂鼻口」「開謂喘息、闔謂呼吸」を河上公『老子注』第一〇章の注文、「治身、天門謂鼻口、開謂喘息、闔謂呼吸也」より引用したであろうが、その出典については記さない。

成玄英『老子義疏』や宋・呂知常『道德經講義』には、出典を示さずに羅什の注文を引用する。他書の文を出典を示さずに引用することは、王顧等の時代にもしばしば行われていたことである。

(オ)「羅什内解曰」（第三七章）

「羅什内解曰」は〈羅什ノ内解ニ曰ク〉ではないであろう。羅什『老子注』が『老子内解』の名でよばれる例は見當たらない。「羅什内解曰」は〈羅什ト内解ニ曰ク〉であろう。「内解」は『老子』の注解書の『老子内解』であろう。その書名は道教關係の史料に見える。羅什『老子注』の注文と『老子内解』の注文が一つにまとめられ、「羅什内解曰」として記されたであろう。その過程は、王顧『老子疏』の疏文と羅什『老子注』の注文が一つにまとめられ、「王及羅什曰」として記されるまでの過程と同じであると考えられる。なお、『老子内解』については、稿を改めて述べたいと思う。

(12) 東晉・孫登注

『注疏』には、孫登を「孫」と略記し、その『老子注』の注文を計四章に引用する。

同じ經文を注解する、『注疏』所引の「孫」の注文と、李霖『取善集』所引の「孫登」の注文を比較すれば、「孫」と「孫登」が同一人物であることが分かる。

(13) 西晉・郭象注

『注疏』には、郭象を「郭」と略記し、その『老子注』の注文を計二章（第三・一〇章）に引用する。

宋及びそれ以前の『老子注』の作者で、郭姓の人物としては、西晉・郭象と西晉~東晉・郭璞がいる。しかし郭璞『老子注』關係の史料は極めて少なく、史料によって『注疏』の「郭」が郭璞であるか否かを検討することは困難である。

郭象『老子注』關係の史料は多いとは言えないが、郭璞『老子注』關係の史料よりは多い。李霖『取善集』第四・二四・三九章には、郭象『老子注』の注文を引用する。また郭象には『莊子注』が現存する。これらによって検討すれば、「郭」が郭象である可能性は低くはないであろう。その理由は以下のようである。

(ア) 『注疏』所引の「郭」の注文と『取善集』所引の「郭象」の注文の文體を見るに、いずれも基本として四字を一句とする句を用いる。

(イ) 『注疏』所引の「郭」の注文と郭象『莊子注』の注文の思想は、同じ可能性がある。少なくとも近似すると考えられる。

郭象『莊子注』の思想は「自生」の思想を中心にして構成される。「自生」の語はくり返し用いられ、その用例は三〇例を越える。例えば、「人之生也、理自生矣」（德充符注）、「任性自生、公也」（應帝王注）などがある。「自生」〈自ラ生ズ〉は人爲によらず自然に生まれる意味である。

『注疏』第三章には、「郭」の注文、「其悪改盡、諸善自生」を引用する。この「自生」は郭象『莊子注』の注文の「自生」と同じ意味で用いる。

また郭象『莊子注』の注文には、「内足者、神閒而意定」（田子方注）と言う。内足〈内足ル〉は心が多くを求めず滿足する意味である。

『注疏』第三章には、「郭」の注文、「懷道抱一、淳和内足」を引用する。この「内足」は郭象「莊子注」の注文の「内足」と同じ意味で用いる。

また郭象の『莊子注』の注文には、「神人……歸功名於羣才」（人間世注）、「湯得之、所以名寄於物、而不在己」（則陽注）等がある。これらの功名を求めない思想は、郭象の重要な思想であり、くり返し説かれている。

『注疏』第一〇章の「郭」の注文、「功不歸己、故曰不有」は、郭象『莊子注』と同じ功名不求の思想をのべている。

郭象『莊子注』の思想の中心には「自生」の思想があり、それをとりまく形で、「内足」や功名不求等の諸思想が配置されている。

郭象『老子注』は殘存する注文が少なく、『莊子注』のような「自生」中心の思想體系をもっていたかどうか明かでないが、そこには「自生」・「内足」・功名不求の思想がある。二書の思想は少なくとも近似した思想である。

(14) 唐・李榮注

『注疏』には、李榮を「榮」と略記し、その『老子注』（『老子道德經注』などと言う）の注文を計二章（第四一・五七章）に引用する。

『注疏』所引の「榮」の注文と、李榮『老子注』殘卷の注文と

を比較すれば、「榮」は李榮であると考えられる。

ちなみに李榮注殘卷として、『正統道藏』絲字號所收『李榮注』、ペリオ文書第二五九四・二八六四・三二三七・二五七七・三二七七號所收『李榮注』、スタイン文書第二〇六〇號所收『李榮注』等がある。

なおこれらの注本では經文を分章せず、また通例の第三七章に當たる文を經文の末尾、すなわち通例の第八一章の次に置いている。

(15)　唐・車惠弼注

『注疏』には、車惠弼（車弼・車玄弼とも言う）を「車」と略記し、その『老子注』の注文を計二章（第四三・五一章）に引用する。

「車」を車惠弼とする理由は次のようである。

(ア)　宋および宋以前の『老子注』の作者で、車姓の人物は、車惠弼のほかに見當たらない。

(イ)　『注疏』所引の「車」の注文から考えれば、「車」は車惠弼と同じく道士であろう。

(ウ)　「車」と「車惠弼」が『老子』について成玄英と同じ見解を示す例がある。

まず、同じ經文を注解する、『取善集』所引の「車惠弼」の注文と、『玄德纂疏』所引の「成疏」（成玄英『義疏』）の注文をとりあげる。

第二五章

《經文》

可以爲天下母、

《「車惠弼」・注文》

車惠弼曰、同化陰陽、安立天地、亭毒羣品、子育含靈、生之畜之、可以爲母、（『取善集』）

《「成疏」》

成疏、開化陰陽、安立天地、亭毒羣品、子育含靈、生之畜之、故可以爲母、（『玄德纂疏』）

二注文はほとんど同じである。このような例は第一一・四七章などにも見ることができる。

次に同じ經文を注解する、『注疏』所引の「車」の注文と、『玄德纂疏』所引の「成疏」の注文をとりあげる。

第四三章

《經文》

无有入无間、（「无」、一本「無」に作る）

《「車」・注文》

車曰、言水之與風、本无質相、金石骨髓、亦无間隙、風之於水、已能縱入、行之所攻、至妙之道、本自無形、煩惱結陋、又无間竅、道之妙惠、早已入訖、（『注疏』）

《「成疏」》

成疏、間隙也、……故能入無間之妙理也、（『玄德纂疏』）

經文の「間」に對して、成玄英は「間隙也」〈間ハ隙ナリ〉と解し、「車」は「間」を「間隙」あるいは「間竅」と解している。二注文の解はほとんど同じである。

「車」と「車惠弼」が成玄英『義疏』を利用し、それに據った可能性は低くないであろう。

(16)　宋・陳象古注

『注疏』には、陳象古を「陳」と略記し、その『老子注』の注文を計二章（第四二章・五七章）に引用する。

『注疏』所引の「陳」の注文と、現存陳象古『老子注』の注文とを比較すれば、「陳」と「陳象古」は同一人物であることが分かる。

なお陳象古注の自序の日附は「建中靖國元年十月初五日」（北宋・徽宗、一一〇一年一〇月五日）である。これに據ればこの書の成立は一一〇一年か、その前後と考えられる。

(17) 魏・何晏注

『注疏』には、「何晏曰」として、何晏『老子注』の注文を計一章（第一六章）に引用する。

(18) 晉・裴處恩注

『注疏』には、裴處恩（裴楚恩・裴處思とも記される。）を「裴」と略記し、その『老子注』の注文を計一章（第五六章）に引用する。

同じ經文を注解する、『注疏』所引の「裴」の注文と、『取善集』所引の「裴處恩」の注文を比較すれば、「裴」と「裴處恩」が同一人物であることが分かる。

第五六章

《經文》

和其光、同其塵、

《裴・注文》

裴曰、……聖人和光不耀、同其塵也、（『注疏』）

《裴處恩・注文》

裴處恩曰、和其光、令光不耀、同其塵、令塵不染、（『取善集』）

上記の「裴」の注文は「裴處恩」の注文を要約した形をしている。二注文のいずれが原形であるにせよ、「裴」と「裴處恩」は同一人物であると考えられる。

(19) 北齊・杜弼注

『注疏』には、杜弼を「杜」と略記し、その『老子注』の注文を計一章（第三七章）に引用する。

『北齊書』杜弼傳によれば、杜弼は「異於舊說」と自負する『老子注』を、東魏・孝靜帝（在位五三四～五五〇）および高祖・世宗に獻上した。杜弼は終生『老子』の「玄理」を好み、「老而愈篤」であった。

『注疏』の「杜」を杜弼であるとする理由は次のようである。

(ア) 宋およびそれ以前に『老子注』を作った杜姓の人物には、杜弼・杜光庭がいる。しかし『注疏』の「杜」が杜光庭でないことは、「杜」の注文と、現存する杜光庭『廣聖義』の注文を比較すれば、明らかである。

(イ) 『注疏』所引の「杜」の注文と『取善集』所引の「杜弼」の注文は、いずれも四字を一句とする句を基本にして作られている。二注文の文體はこのことにおいて同じである。

(ウ) 『注疏』所引の「杜」の注文と『取善集』所引の「杜弼」の注文には、極めて近似するところがある。

第三七章

《經文》

侯王若能守、萬物將自化、

《「杜」・注文》

杜曰、徳能伏物、道材則尊、皇王守道、不令自均、公侯懷徳、不嚴而化、（『注疏』）

「杜」の注文では、「皇王」・「公侯」は道を守り、徳を身につければ、人民を治めることができる、と言っている。

第五四章
《經文》
修之身、其德眞、
《「杜弼」・注文》
杜弼曰、明以近修、立身以道、不拔不脫、固蔕深根、以此修身、眞德在己也、（『取善集』）

この「杜弼」の注文では、道を以て身を修めれば、徳を身につけることができる、と言っている。この注文には皇王・公侯などの言葉は用いられていないが、この章の經の全文から考えれば、杜弼はこの注文を皇王・公侯のなすべきこととして書いているであろう。

上記の二注文は、老子の教える相手を皇王・公侯とし、教える内容を道・徳とすることにおいて、極めて近似する。

(20) 想爾注

『注疏』には、「想爾曰」として、想爾『老子注』の注文を計一章（第一五章）に引用する。

想爾『老子注』には殘巻（スタイン文書第六八二五號）が現存する。『注疏』第一五章所引の想爾注の注文と、想爾注殘巻の注文を比較すると、前半・後半の順序が逆樣である。どちらが原文に近いか決定し難いが、もとは同じ注文であったであろう。

(21) 松靈注

『注疏』には、「松靈曰」として、松靈（松靈仙人・靈仙とも呼ばれる）『老子注』の注文を計一章（第一五章）に引用する。

杜光庭『廣聖義』序には、「松靈仙人」について「隱靑溪山、無名氏年代」と記す。

『注疏』所引の二一種の注・疏は上記のとおりである。これらの二一種の注・疏と、張君相『老子集解』所收の三〇種の注・疏を比較すると、同じ著者の注・疏が一五種あることが分かる。『注疏』所引の注文・疏文には、各注・疏から直接引用したものもあろうが、『老子集解』から間接に引用したものも少なくないであろう。このことは稿を改めて述べたい。

史　料

1 唐・杜光庭『道德眞經廣聖義』（『正統道藏』羔・羊・景・行字號）
2 五代・强思齊『道德眞經玄德纂疏』（『正統道藏』使・可・覆字號）
3 傳顧歡『道德眞經注疏』（『正統道藏信字號』）
4 南宋・彭耜『道德眞經集注雜說』（『正統道藏』長字號）
5 南宋・董思靖『道德眞經集解』（『正統道藏』短字號）
6 金・李霖『道德眞經取善集』（『正統道藏』墨・悲字號）
7 傳趙學士『道德眞經集解』（『正統道藏』罔字號）
8 明・焦竑『老子翼』
9 傳顧歡『道德眞經注疏』所引の注・疏の現存本・殘巻本・逸文、その注・疏を著錄する書籍目錄、その注・疏の作者の傳記等。
10 所引の注・疏に關係する佛書

參考文獻

1 武内義雄『老子の研究』
2 嚴靈峰『老列莊三子知見書目』

（平成一五年八月三〇日稿）

付録（関連論文等）

巻末よりお読み下さい